Visual

日経文庫
ビジュアル

マーケティング戦略

野口智雄 [著]
NOGUCHI tomoo

日本経済新聞出版社

まえがき

　市場が量的に飽和状態となり、質的に成熟化を遂げることによって、企業の視界は深い霧に覆われたように悪くなっています。この濃霧を透視し、潜在需要という成功のカギを手にするためには、的確なマーケティング戦略の立案と実行が不可欠です。マーケティング戦略とは、潜在需要に対して供給をベスト・マッチさせるための方法論です。

　そこで本書では、現代市場にフィットするマーケティング戦略を整合的に明確にすることを目的として、75項目の必須用語を厳選し、解説しました。たとえば、第Ⅰ章では、マーケティング戦略の最新コンセプト（ラテラル・マーケティング、ニューロ・マーケティング等）について説明しています。

　第Ⅱ章では、顧客の価値を長い時間軸で捉えるLTV（ライフ・タイム・バリュー）やマインド・シェアなど、従来とは異なる顧客との戦略的な関わり方を明確にしています。

　第Ⅲ章では、データ・マイニングやテスト・マーケティングといったデータを収集・編集し、マーケティング戦略のオペレーションに生かす手法について明らかにしています。

　第Ⅳ章では、戦略的に強いブランドを作るための方法について論じています。それはたとえば、ブランド自体が内包する資産価値であるブランド・エクイティを高めることによって、企業は過酷な競争から脱却することが可能になるからです。

　第Ⅴ章では近年、戦略上のウエイトの高まっているサービスに関して、その生産性を上げるためにはどうすればよいのかを論じます。

　第Ⅵ章では、インターネットやSNSの爆発的普及など、

高度なネット社会の到来とともに激変の様相を呈してきた情報環境下で、企業が効果的なコミュニケーション戦略を実行するにはどのようにしたらよいのかを明確にします。

　また、高度情報化の進展は、バーチャルモールに代表されるような新たな巨大小売市場を創造し、直接流通を普及させる契機となりました。そこで第Ⅶ章では、現代市場において需給のマッチングを促進するための流通戦略とはどのようなものであるのかを明らかにします。

　本書は、2002年に刊行された日経文庫『ビジュアル マーケティングの先端知識』を改題し、大幅に加筆・修正を行った上で再構成しました。同シリーズには、マーケティングの基礎に関して学びたい方に向けた『ビジュアル マーケティングの基本』もあります。こちらも、重要な用語を75項目選び出し、容易かつ素早く理解できるように解説しています。

　これら2冊の本に収録された全150項目を学ぶことによって、マーケティングの基礎と応用を包括的に理解していただけると考えています。是非、両著ともご愛読いただければ幸甚に存じます。

　最後に、本書の執筆にあたって多大なご尽力をいただいた日本経済新聞出版社の細谷憲司氏に深く謝意を表したいと思います。氏の誠実なご対応が本書を生み出してくれました。

2012年1月

野口　智雄

ビジュアル マーケティング戦略

目次

第 I 章 新しいコンセプトを知る

1. ラテラル・マーケティング……………………… 10
2. ブルー・オーシャン戦略………………………… 12
3. ニューロ・マーケティング……………………… 14
4. ロングテール戦略………………………………… 16
5. 経験価値マーケティング………………………… 18
6. 感性マーケティング……………………………… 20
7. ワン・トゥー・ワン・マーケティング………… 22
8. モバイル・マーケティング……………………… 24
9. パーミッション・マーケティング……………… 26
10. インタラクティブ・マーケティング…………… 28
11. 関係性マーケティング…………………………… 30
12. マス・カスタマイゼーション…………………… 32
13. クリック・アンド・モルタル…………………… 34
14. リバースオークション…………………………… 36
15. フリー価格………………………………………… 38
16. デ・マーケティング……………………………… 40
17. コラボレーション(協業マーケティング)……… 42
- ● Coffee Break　メトロセクシャル市場………… 44

第 II 章 顧客関係を強化する

18. CSS………………………………………………… 46
19. シーズとニーズ…………………………………… 48
20. プロシューマーとコンシューマー……………… 50
21. マインド・シェア………………………………… 52
22. リテンション・マーケティング………………… 54
23. FSP………………………………………………… 56
24. LTV(ライフ・タイム・バリュー)……………… 58
25. コーポレート・コミュニケーション…………… 60
- ● Coffee Break　カバー曲ブーム………………… 62

第III章 データとシステムをオペレーションに生かす

- 26 バリューチェーン……………………………… 64
- 27 ERP……………………………………………… 66
- 28 QRとECR………………………………………… 68
- 29 4C分析…………………………………………… 70
- 30 リーチとリッチネス…………………………… 72
- 31 データ・マイニング…………………………… 74
- 32 データベース・マーケティング……………… 76
- 33 テスト・マーケティング……………………… 78
- 34 情報のアウトソーシング・ビジネス………… 80
- 35 ポータル・サイト……………………………… 82
- ● Coffee Break　情報武装化する図書館………… 84

第IV章 強いブランドを作る

- 36 ブランド戦略…………………………………… 86
- 37 ブランド・エクイティ………………………… 88
- 38 ブランド会計…………………………………… 90
- 39 トップブランド………………………………… 92
- 40 コーポレート・ブランド……………………… 94
- 41 ストア・ブランド……………………………… 96
- 42 ジェネリック・ブランド……………………… 98
- 43 ブランド・マネジャー………………………… 100
- ● Coffee Break　京都ブランド…………………… 102

第V章 サービスの生産性を上げる

- 44 サービスの類型………………………………… 104
- 45 サービス・パッケージ………………………… 106
- 46 インターナル・マーケティング……………… 108
- 47 ソリューション・ビジネス…………………… 110
- 48 サービス・マーチャンダイザー……………… 112
- 49 サービス・エンカウンター…………………… 114
- 50 サービス・クオリティ・モデル……………… 116
- 51 サービスの生産性……………………………… 118

52 サービス・デリバリー・システム………………… 120
53 プリ・セールス………………………………… 122
54 テクニカル・サポート………………………… 124
● Coffee Break　サッキング・サービス………… 126

第Ⅵ章　効果的なコミュニケーションを考える

55 インターネット広告…………………………… 128
56 ソーシャル・ネットワーキング・サービス（SNS）… 130
57 eメール・マーケティング…………………… 132
58 eMP（eマーケット・プレイス）……………… 134
59 バイラル・マーケティング…………………… 136
60 スパムとオプトイン…………………………… 138
61 プライバシー問題……………………………… 140
62 イノベーター理論……………………………… 142
● Coffee Break　キャズムで読み解く腰パンの未来……… 144

第Ⅶ章　流通の効率を高める

63 B2B取引とB2C取引………………………… 146
64 バーチャル・モール…………………………… 148
65 アウトレット・モール………………………… 150
66 キラーテナント………………………………… 152
67 インストア・マーチャンダイジング………… 154
68 VMD……………………………………………… 156
69 プラノグラム…………………………………… 158
70 ABC分析………………………………………… 160
71 ジャスト・イン・タイム物流………………… 162
72 3PL（サードパーティー・ロジスティクス）… 164
73 自動物流センター……………………………… 166
74 情報武装型コンビニ…………………………… 168
75 カテゴリー・マネジメント…………………… 170
● Coffee Break　高齢化社会と移動販売………… 172

第 I 章

新しいコンセプトを知る

1 ラテラル・マーケティング
水平思考で市場を創造

> 従来のマーケティングは垂直思考に立脚していて、「慣例」に基づく定型的な問題解決が図られてきました。これに対し、ラテラル・マーケティングは水平思考を基本に据え、伝統的な手法を打破して、新市場を創造しようとするものです。

　思考のスタイルには、垂直思考と水平思考があります。垂直思考は、論理的に定型的な問題を解決するものです。これに対し、水平思考は、非論理的な思考で新しい解決策を見つけ出そうとするものです。「ラテラル（lateral）」とは水平的という意味の形容詞で、「ラテラル・マーケティング」とは、水平思考を行うことにより、新市場を創造する活動を意味します。

　先進国では今日、市場の縮小や成熟化が顕著になってきて、単に既存市場を切り刻むだけの細分化戦略では、大きな成果を望めなくなっています。そこで、取り組むべきなのがラテラル・マーケティングです。

　この概念の提唱者であるフィリップ・コトラーとフェルナンド・トリアス・デ・ベスは、常識的、論理的な思考から離脱するための水平思考の方法論として、以下の3つのステップと右上図に挙げる6つの技法を提案しました。

・第1ステップ「フォーカス」　これは水平思考の対象で、新製品を開発する際のタネになるものです。
・第2ステップ「水平移動」　この段階では論理的な思考や常識的な思考をやめ、「代用」「結合」「逆転」といった水平思考を行います。
・第3ステップ「連結」　水平思考で出てきたアイデアを実現できるまで変更を加えます。

水平思考の6技法

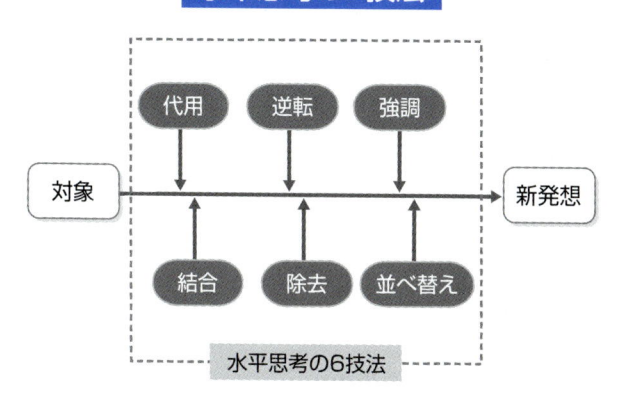

```
        ┌─────────────────────────────────────┐
        │    代用     逆転     強調           │
        │     ↓       ↓       ↓              │
対象 ───┼─────────────────────────────→ 新発想
        │     ↑       ↑       ↑              │
        │    結合    除去   並べ替え          │
        └─────────────────────────────────────┘
                    水平思考の6技法
```

日本酒のパッケージの水平思考

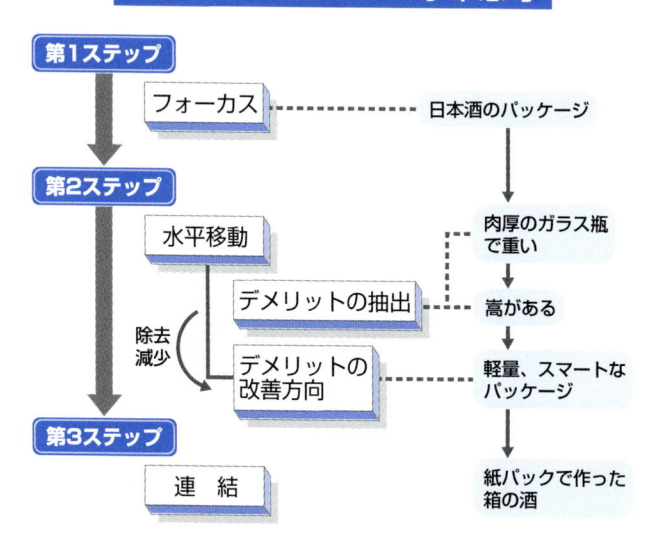

- **第1ステップ**: フォーカス …… 日本酒のパッケージ
- **第2ステップ**: 水平移動
  - デメリットの抽出 …… 肉厚のガラス瓶で重い / 嵩がある
  - デメリットの改善方向（除去・減少） …… 軽量、スマートなパッケージ
- **第3ステップ**: 連結 …… 紙パックで作った箱の酒

（出所）野口智雄『水平思考で市場をつくるマトリックス・マーケティング』（日本経済新聞出版社，2011年）

2 ブルー・オーシャン戦略
ライバルのいないフロンティア市場の開拓

> 成熟市場は一般に、強力なライバルに取り巻かれ、血みどろの争いをする場（レッド・オーシャン）になります。これに対し、ライバルのいないフロンティア市場（ブルー・オーシャン）を探そうというのが、ブルー・オーシャン戦略です。

現代の日本や米国のような先進国では、有望と思われる市場であっても、強力なライバルがひしめき合い、利益を削り合う血みどろのバトルの場となってしまいます。

これをW・チャン・キムとレネ・モボルニュはレッド・オーシャンと呼びました。このような限られたパイをめぐる過酷な戦いの場を離脱するための実践的戦略論として、彼らはブルー・オーシャン戦略を提唱しています。

この理論では、戦略キャンバスというマップを用い、個々の企業がすでに採用している戦略スタイルを明確にすることによって、各企業がいまだ手をつけていないフロンティア市場を見つけ出すことができます。

実際、戦略キャンバスの横軸には「価格」や「品種」といった競争要素を用意し、個々の企業は縦軸にその程度をプロットします。これらをつないだ線が「価値曲線」と名づけられるもので、個々の企業の現在の戦略スタイルとなります。

これを業界内のライバル企業と見比べることで、競争要素ごとの強みや弱み、戦略的空白部分が一目瞭然になります。そこで次のプロセスとして、4つのアクションという各競争要素を「取り除いたり」「減少させたり」「増加させたり」「新たに付け加えたり」することによって、ライバル企業が取り組んでいないフロンティア市場を発見するのです。

ブルー・オーシャン戦略の戦略キャンバス

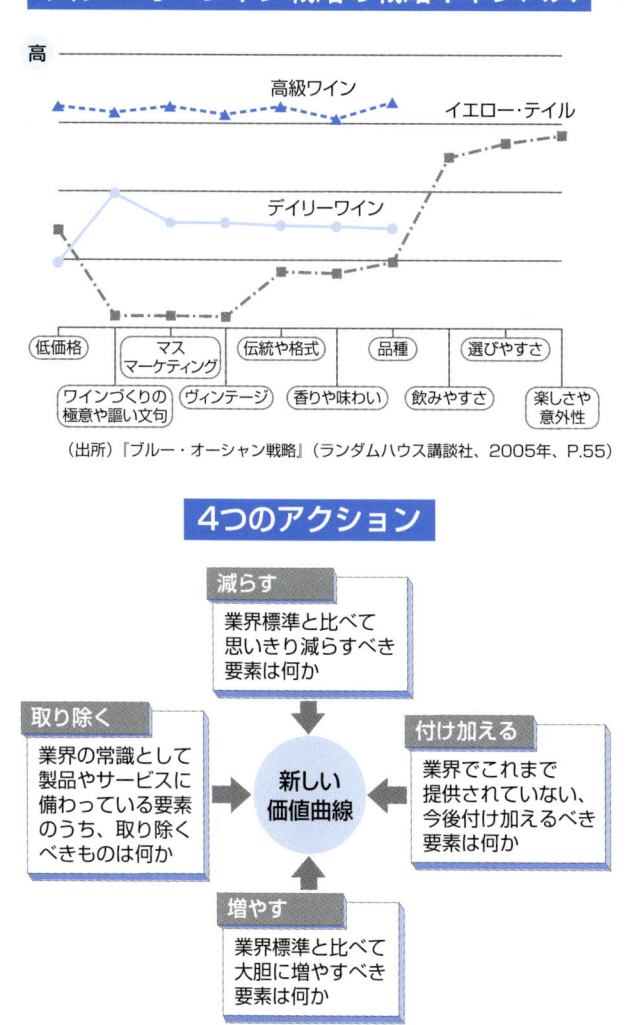

高

- 高級ワイン
- イエロー・テイル
- デイリーワイン

| 低価格 | マスマーケティング | 伝統や格式 | 品種 | 選びやすさ |

ワインづくりの極意や謳い文句 / ヴィンテージ / 香りや味わい / 飲みやすさ / 楽しさや意外性

(出所)『ブルー・オーシャン戦略』(ランダムハウス講談社、2005年、P.55)

4つのアクション

減らす
業界標準と比べて思いきり減らすべき要素は何か

取り除く
業界の常識として製品やサービスに備わっている要素のうち、取り除くべきものは何か

付け加える
業界でこれまで提供されていない、今後付け加えるべき要素は何か

増やす
業界標準と比べて大胆に増やすべき要素は何か

→ 新しい価値曲線

(出所)『ブルー・オーシャン戦略』(ランダムハウス講談社、2005年、P.51)

3 ニューロ・マーケティング
脳科学を援用した市場創造

> 人間は脳で考え、行動をとっています。それゆえ消費行動が、どのような脳の働きによってなされるのかを知りたいところです。脳科学の研究を援用して消費行動を解明し、成果を上げようとするのが、ニューロ・マーケティングです。

　人間の行動は極めて複雑です。自分の置かれている状況や身近な他人の意見によって、大きな影響を受けます。とりわけ大人の行動には、高い社会性が求められ、いきおい規範的な行動がとられがちです。

　この種の行動の根底にあるものは規則の順守であって、本質的な欲望やニーズとは乖離している場合があります。マーケティング・リサーチを行っても、アンケート用紙には、建前を前面に出した模範的な回答がなされることがしばしばです。このような結果に基づいてマーケティング活動を実践しても、十分な成果に結びつかないことが多くあります。

　ニューロ・マーケティングは、刺激に対する自然な感情や無意識の行動をもたらす脳の働きを解明し、それをマーケティングの実践の場に生かそうという試みです。このようなインターディスプリナリー（学際的）なアプローチができるようになった背景には、脳の診断技術の発展があります。fMRI（機能的磁気共鳴画像装置）を用い、購買に関する刺激に対して、脳のどこの部位が活動しているのかを特定できるようになりました。

　もちろんこの種の研究は、消費者個人の無意識の行動や本性をあらわにしてしまう可能性があることから、倫理やプライバシーの問題が提起されています。

脳と消費行動

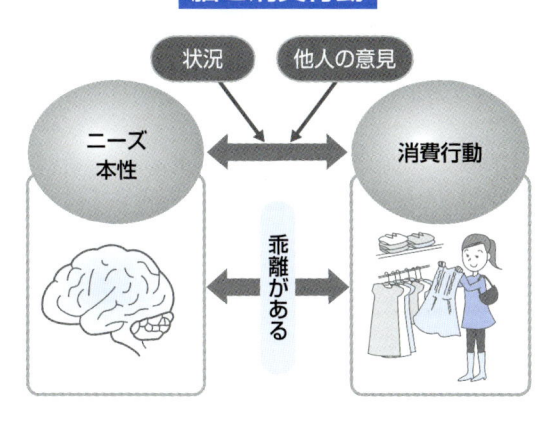

- ニーズ 本性
- 状況
- 他人の意見
- 消費行動
- 乖離がある

fMRIによる診断

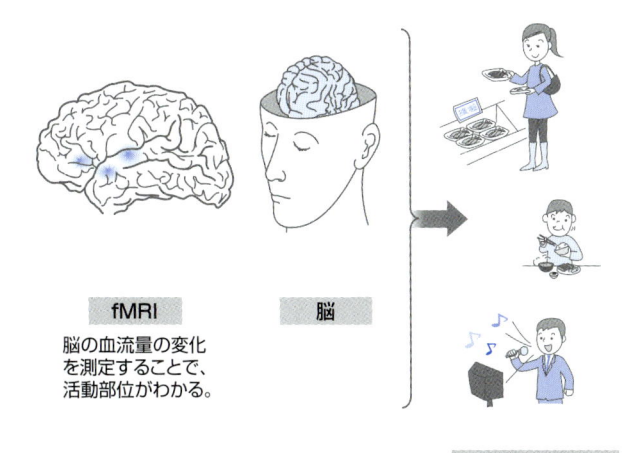

fMRI
脳の血流量の変化を測定することで、活動部位がわかる。

脳

消費行動

4 ロングテール戦略
売れ行きの悪い製品の積極販売

> 「売れ行きの悪い製品」を重点的、積極的に販売していった方が、売れ行きの良い少数の製品を売るよりも、トータルの経営成果が向上する場合があります。数多くある業績が低迷している製品の販売に注力するのがロングテール戦略です。

ロングテールは、クリス・アンダーソンが『ロングテール─「売れない商品」を宝の山に変える新戦略』(早川書房)で提唱した概念です。

ご存じの通り、ネットを利用したバーチャルモールでは、無尽蔵ともいえる製品の品揃えを行うことができます。もちろん、多数の品揃えを行えば、売れ行きは品種によって良し悪しが分かれます。

そこで通常は売れ行きの悪いものをカットしようとなるところですが、このような一般の常識に反して、トータルの売上高は売れ行きの悪いもののほうが売れ行きの良いものより高くなることがあります。なぜなら、無尽蔵に製品の品揃えを行えるバーチャルモールでは、リアルの小売店舗と異なり、品揃えのコストがほとんどかからないからです。

その結果、「ちりも積もれば山となる」式に、トータルの売上高は、売れ行きの良い「限られた製品」よりも、売れ行きの悪い「大多数の製品」のほうが高くなるのです。

以上の事実から、バーチャルモールの運営者たちは、個々の製品ベースでは売上高が低迷し、ダラダラと尻尾のように連なる「売れ行きの悪い製品」、いわゆる「ロングテール」のマーケティングに注力するのです。

リアルの小売店舗の品揃え

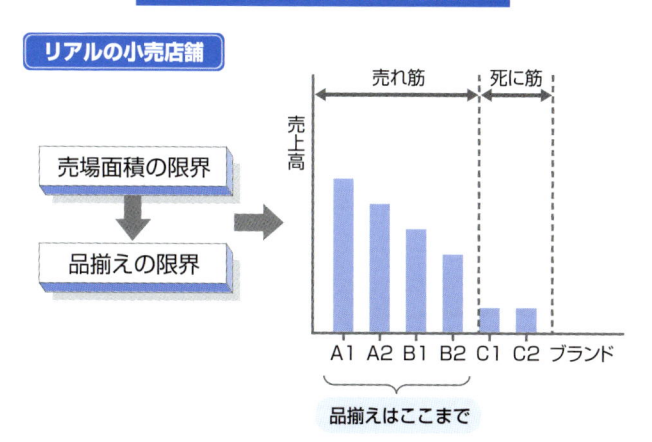

リアルの小売店舗

売場面積の限界
↓
品揃えの限界

売上高 / 売れ筋 / 死に筋

A1 A2 B1 B2 C1 C2 ブランド

品揃えはここまで

ロングテールの意義

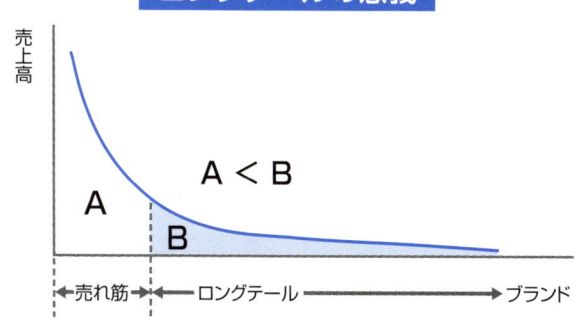

売上高

A < B

←売れ筋→←ロングテール→ブランド

● 品揃えを非常に多くできるバーチャルモールの場合、限られた売れ筋の合計(A)よりも、ロングテールの合計(B)のほうが売上高が大きくなる。

5 経験価値マーケティング
感動による顧客獲得

> 提供物を評価する場合、物性面だけでなく、それを取り巻く状況や提供の際の演出によって、人は感動や快感を覚え、その価値を高く評価する場合があります。このような付加価値を創造する活動が経験価値マーケティングです。

　たとえばわれわれは、東京ディズニーランドのアトラクションを体験すると、感動や興奮を覚えることがあります。確かに乗り物は刺激的で、スリルを感じるものもありますが、いわゆる「絶叫マシン」というほどのものではありません。

　にもかかわらず、感動や興奮を覚えるのはなぜでしょうか。東京ディズニーランドの場合、奇想天外なテーマとそれにそった本格的な非日常アトラクションに、人々は驚き、胸に強い快さ・心地よさを感じるのです。そして、その時に経験価値は生み出されます。

　経験価値の根っこにあるものは、「心理的落差」です。日常的な価値観と、新たに提供されたものとの間のギャップが「心理的落差」になりますが、この落差が大きければ大きいほど、人々の心理面に与える衝撃は大きくなります。つまり、経験価値を生み出すには、意図的にこの心理的落差を作り出すことが1つの必要条件になります。

　もちろんこれ以外にも重要な条件があります。それは新たに作り出された製品・サービスが、人々の潜在ニーズに合致していなければならないということです。

　つまり、心理的落差の創造と、その創造されたものが利用者のニーズに合致していることが、このマーケティングの成功条件になるのです。

経験価値の創造性

経験価値の創造要素

- 乗り物
- テーマ
- 本格的アトラクション、施設
- ブランド

→ 感動、興奮 → 経験価値

経験価値マーケティングのプロセス

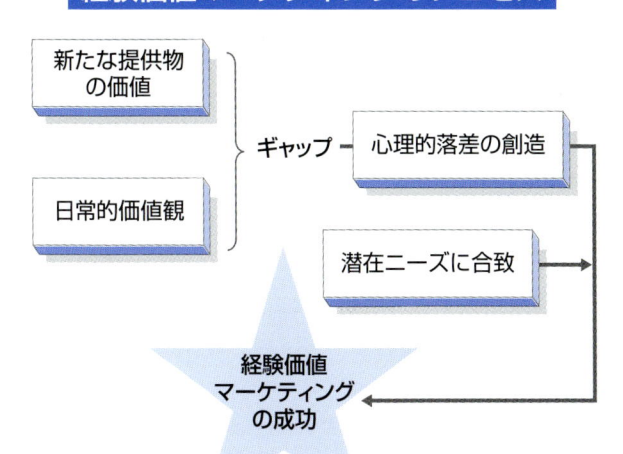

- 新たな提供物の価値
- 日常的価値観

｝ギャップ — 心理的落差の創造

潜在ニーズに合致

→ 経験価値マーケティングの成功

6 感性マーケティング
嗜好に対応する市場創造活動

> 消費者がわがままになったといわれて久しいですが、自分の五感で感じた体験を重視し、自分流に評価・判断する人々が増えてきました。このような人々へ向けた市場創造活動のことを感性マーケティングといいます。

　感性マーケティングという言葉は、日本では1980年代の前半から使われるようになりました。これはクールな理性や合理性に基づいてのみ購買を行うのではなく、自分自身の価値観や感覚を大切にして購買を行おうとする消費者が増えたためです。

　若者、中でも女性は、視覚、聴覚、味覚、臭覚、触覚の五感が鋭く、企業や商品が発散するイメージの微妙な違いを敏感に察知し、購買において細やかなこだわりを示すようになりました。

　たとえば、ブランドネームや接客サービスは言うに及ばず、ファッション・アパレルの微妙な色使いや肌触り、小売店舗のレイアウトやBGMのボリュームの大きさ、芳香、通路の広さやトイレの清潔さなど、買うか買わないかの購買判断の際に五感に訴える印象が大きく影響するようになりました。

　このような消費行動は、個人の価値観や感覚、性格などの違いを反映するため、企業に一層の多様化対応を迫ることになります。ワン・トゥー・ワン・マーケティング（7参照）に代表されるように一人ひとりの「個客対応」が重要な課題となる今日、細分化されたフィーリングやテイストの充足を実現する感性マーケティングはいよいよ重要になってきています。

感性ウエイトの高まり

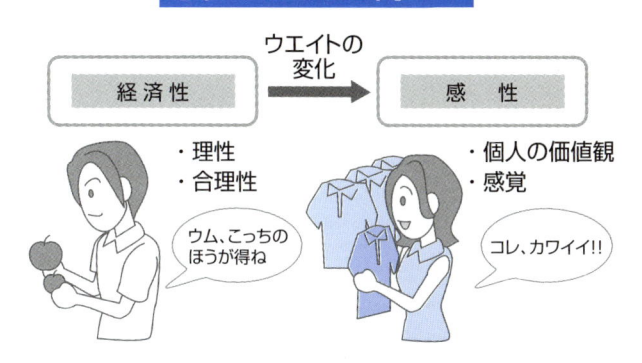

経済性 →(ウエイトの変化)→ 感性

- 理性
- 合理性

「ウム、こっちのほうが得ね」

- 個人の価値観
- 感覚

「コレ、カワイイ!!」

感性マーケティングの例

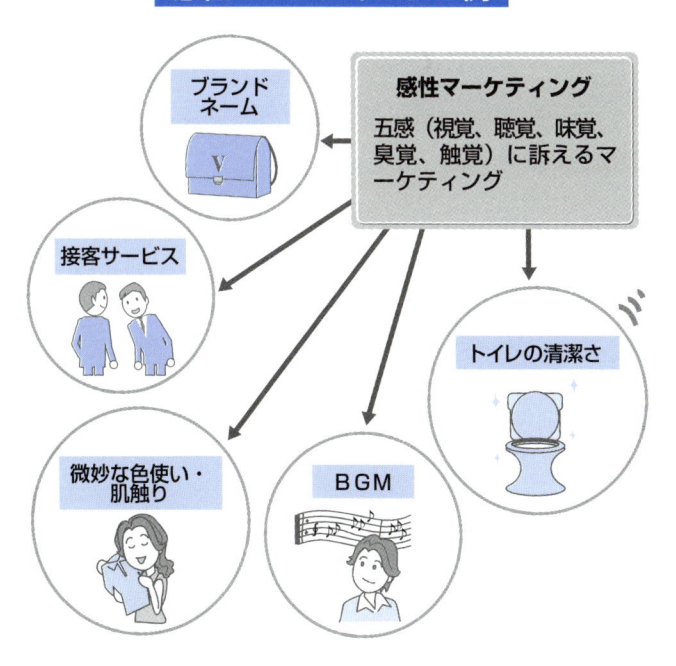

感性マーケティング
五感(視覚、聴覚、味覚、臭覚、触覚)に訴えるマーケティング

- ブランドネーム
- 接客サービス
- 微妙な色使い・肌触り
- BGM
- トイレの清潔さ

7 ワン・トゥー・ワン・マーケティング
消費者への個別対応

> 消費者の価値観は多様であり、ニーズやこだわりは千差万別です。消費者個人のニーズの違いに立脚し、それに個別に対応していこうという考え方がワン・トゥー・ワン・マーケティングです。

　この考え方は1993年にドン・ペパーズとマーサ・ロジャーズによって発表されました。顧客は個別に求めるものが違いますから、それを聞き取り、要求に合うようにカスタマイズして提供すべきだというのが基本発想です。

　これを実行するには、まず顧客個人をきちんとデータベース化し、彼らのニーズやその他の購買情報を正確に把握することが必要となります。

　高度情報化の進展とともに、個人ベースでの顧客のデータを比較的容易に収集・分析する方法が確立してきました。また、インターネットの普及により双方向での対話が容易になりました。このようなインフラの下、企業と顧客の双方が学習関係を持つようになり、互いのリレーションシップを高められるようになっています。

　企業はリレーションシップの高度化により顧客のマインド・シェア（21参照）を高めることができ、多額のコストをかけずに顧客を離さない方法を確立しつつあります。企業は集中化マーケティングの時代のようにピンポイントで市場を獲得しようというのではなく、継続的でより確実性の高いマーケティングを実行するようになったのです。

　ただし、前提となるデータベースの構築や顧客の選別、さらにはカスタマイズの具体化に細心の注意が必要となります。

集中化マーケティングとワン・トゥー・ワン・マーケティング

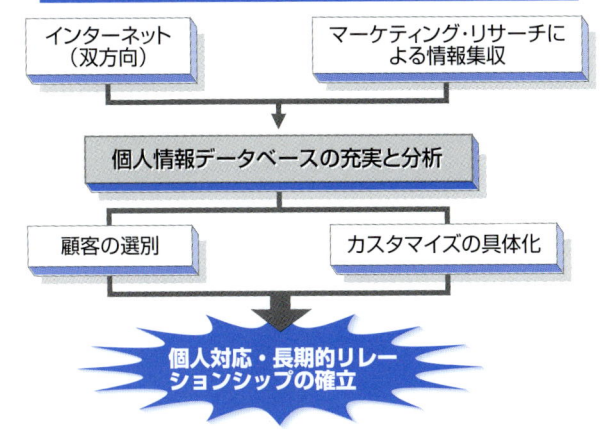

集中化マーケティング　　　　　　**市　場**

企　業　→　　　　　セグメント対応

市場をセグメントに区分し、自社の経営資源に鑑みて専門性の生かしやすいセグメントに集中してマーケティングを実行する。

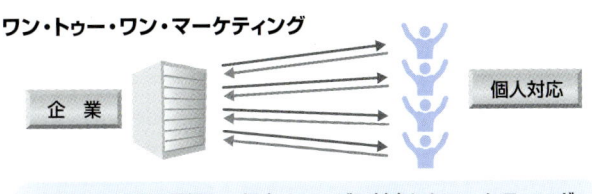

ワン・トゥー・ワン・マーケティング

企　業　⇄　個人対応

双方向の対話を重視し、個人のニーズに対応したマーケティングを実行する。

ワン・トゥー・ワン・マーケティングの展開

- インターネット（双方向）
- マーケティング・リサーチによる情報集収

↓

個人情報データベースの充実と分析

- 顧客の選別
- カスタマイズの具体化

↓

個人対応・長期的リレーションシップの確立

8 モバイル・マーケティング
時間、場所を問わずに市場を生み出す

> 携帯電話の普及には素晴しいものがあります。そして単なる通話だけでなくインターネットの利用も当たり前になってきました。企業が個人の携帯端末向けに行う諸種の市場創造活動をモバイル・マーケティングといいます。

モバイルとはラテン語の「動く」という意味で、コンピュータの分野では可動性のある携帯端末を意味します。典型的な携帯端末には携帯電話やスマートフォンがありますが、それ以外にも持ち運び可能なタブレットPCやノートパソコン、自動車のカーナビゲーションなどがその範疇に入ります。とくに近年はスマートフォンを使ったインターネットの利用が普及し、それを1つのチャネルとしてさまざまな商取引が行われています。

実際に、これらの携帯端末を使って、ショッピング、旅行やホテルやレストランの予約サービス、モバイルバンキング、オンライン・トレードなどの取引が行えるようになっています。

企業はこのチャネルを使ってウェブ広告を配信したり、クーポン券を発行するなどさまざまな販売促進策をとることによって市場の拡大を図っています。携帯電話も第三世代、第四世代を迎えることによってブロードバンド通信が広がり、動画の配信も可能になりました。

これによってショッピング情報はもとよりゲームや音楽CD、ビデオなどのプロモーション用の動画も送れるようになり、リアルなイメージで消費者に製品を納得してもらい、購買を促進するという技法が普及しました。

モバイル・マーケティングのチャネル

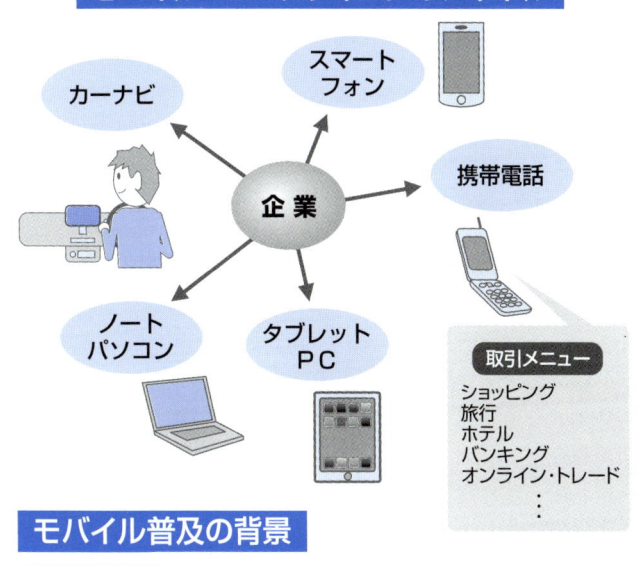

- カーナビ
- スマートフォン
- 企業
- 携帯電話
- ノートパソコン
- タブレットPC

取引メニュー
ショッピング
旅行
ホテル
バンキング
オンライン・トレード
⋮

モバイル普及の背景

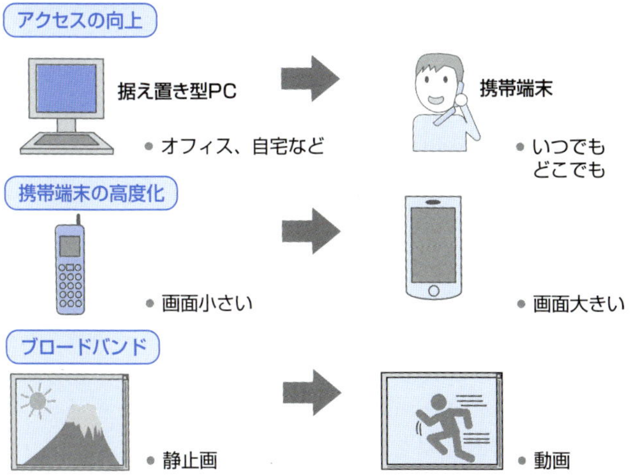

アクセスの向上
据え置き型PC ➡ 携帯端末
- オフィス、自宅など
- いつでもどこでも

携帯端末の高度化
- 画面小さい ➡ 画面大きい

ブロードバンド
- 静止画 ➡ 動画

9 パーミションマーケティング
許可を得た市場創造活動

> 企業は顧客から信頼されることが重要です。信頼を得るための方法にはさまざまなものがありますが、顧客の同意に基づいて個別対応する市場創造活動のことをパーミション・マーケティングといいます。

　ベストセラーの『パーミションマーケティング』を著したセス・ゴーディンは、eメール・マーケティングが普及する状況下で、顧客から信頼され、長期的に良好な関係を築くことが重要と考え、この概念と方法を提示しました。

　具体的な方法論としては、マスメディアやネット、さらには名刺などに自社のURLを入れて告知し、潜在顧客となるネットユーザーにホームページを閲覧してもらいます。そしてそこには新しい製品やサービスが出た時に情報提供のためのeメールやメールマガジンを送付していいかどうかのチェックボックスを用意しておきます。そこでパーミション（許可）が得られた場合には、各個人の要望にそう形で情報を整理してeメールを送付します。このメールは、ユーザーからの配信同意が得られたいわゆるオプトインメール（60参照）なので、すぐに削除されることはなく、それどころか喜んで読まれ、購買に結びつく可能性が高くなります。

　反応率を見ると、パーミションマーケティングは従来からのダイレクト・マーケティングとは比較にならないほど高く、極めて効率のよい販売促進活動といえます。加えて優れた点は、一過性の販売で終わることなく、顧客との関係を深めて顧客のマインド・シェア（21参照）や生涯価値（24参照）を高め、長期的な収益をもたらしてくれるところにあります。

パーミッションマーケティングのプロセス

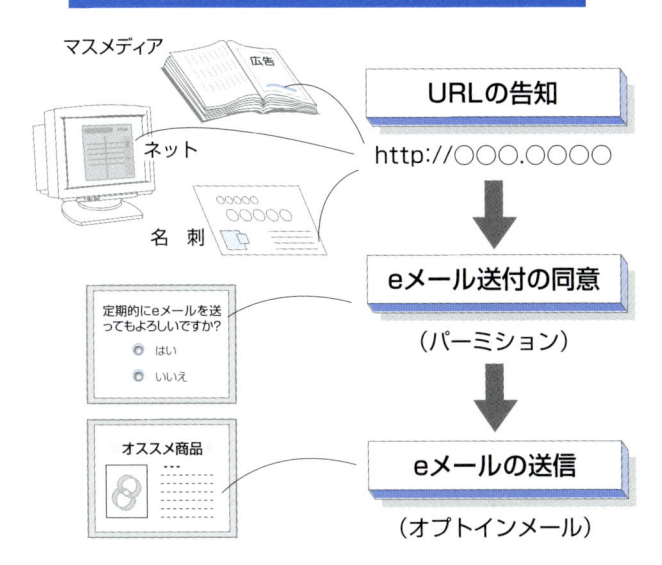

マスメディア / ネット / 名刺

URLの告知
http://○○○.○○○○

↓

定期的にeメールを送ってもよろしいですか？
- はい
- いいえ

eメール送付の同意
（パーミッション）

↓

オススメ商品

eメールの送信
（オプトインメール）

パーミッションマーケティングとDM

	パーミッションマーケティング	DM
レスポンス	高 い	低 い
コスト	低 い	高 い
顧客との関係	深 い	浅 い
	長 い	短 い

10 インタラクティブ・マーケティング
双方向で市場を創造

> 企業は顧客の声を真摯に聞くことが重要です。顧客と企業が双方向のコミュニケーションを通じて相互に作用し合うことによって長期的に市場創造を続ける活動をインタラクティブ・マーケティングといいます。

インタラクティブとは「相互作用の」という形容詞です。美容院が典型で、美容師と顧客が直接対面し対話（相互作用）することを通じて、カスタマイズされた製品（髪型）の形成がなされます。しかし、伝統的な消費財マーケティングでは製品開発や広告活動において消費者との対話や協調の余地はほとんどなく、企業からの一方的な働きかけが主でした。

しかし、インターネットやeメールの登場によって、顧客が企業に対してさまざまな苦情や注文を直接出すことができるようになりました。無論、過去にも電話があり消費者窓口や苦情処理部門に問い合わせをすることは可能でしたが、eメールのように迅速な送受信ができながらも非同期性（相手と同時間を過ごす必要がなく好きな時に閲覧できる）を実現するという機能はありませんでした。

また広告も、テレビや新聞などのマスメディアの多くでは、一方通行的に情報が提供されています。しかし、インタラクティブ・マーケティングの下では、個別の消費者に向けてカスタマイズされた情報を編集および送付できるのです。情報を提供する企業にとっても、これまでのマスメディア広告のように膨大なコストがかからず、長期的な視野で顧客との良好な関係を築くことができるようになりました。

インタラクティブの例

美容院

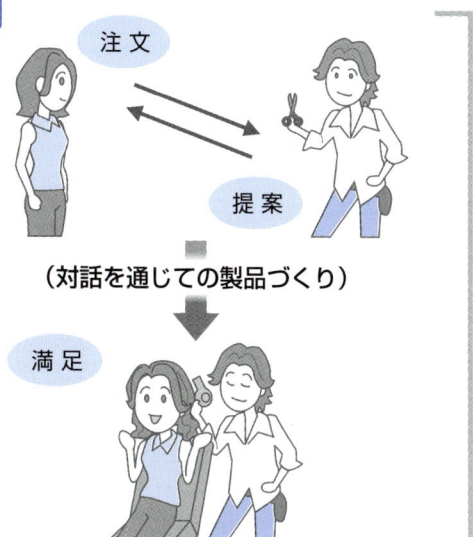

注文

提案

（対話を通じての製品づくり）

満足

インタラクティブ（相互作用）

双方向性

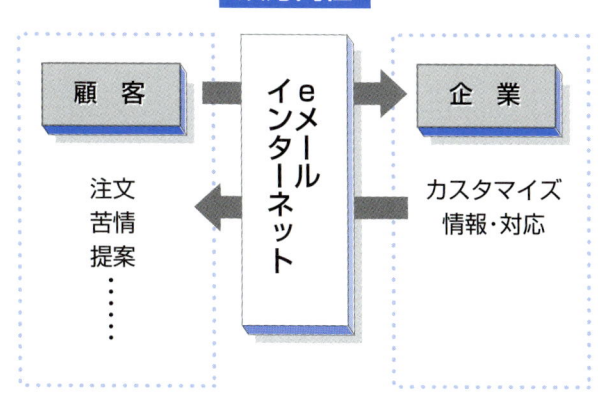

| 顧客 | eメール／インターネット | 企業 |

注文
苦情
提案
……

カスタマイズ
情報・対応

11 関係性マーケティング
長期的関係の構築

> 企業は顧客だけでなく、さまざまなステークホルダー(利害関係者)と関連を持っています。企業が長期的に存続、発展するために彼らと良好な関係を維持しようという考え方が関係性マーケティングです。

　関係性マーケティングには諸側面があります。1つ目は顧客、株主、政府機関、報道機関、地域住民などの外部組織との関係を良好に図ることによって、企業の収益や資金を安定的に確保しようという考え方です。主に顧客を中心に実施されるこの種のマーケティングは、ソーシャル・マーケティングと基本的に同じ考え方です。

　2つ目は組織内の従業員や目的を同じくする流通業者、下請企業などの取引先と良好な関係を保ち、モラールを維持しようというものです。

　これはインターナル・マーケティングの発想です。顧客が限定される産業財の分野では古くから行われてきましたし、長期的な信頼関係を重視する日本的商慣行もこのマーケティングを実践してきたものといえます。

　3つ目は切り口が異なりますが、サービスの分野で1980年代初頭から提唱されてきたリレーションシップ・マーケティングの考え方です。サービスは提供者が顧客に直接的に働きかける行為であり、その接点での的確な対応を行うことによって関係性は深められるという考え方です。

　このようなさまざまなマーケティングの考え方を、ステークホルダーとの「長期的に良好な関係の維持」という目的で収斂させた概念が関係性マーケティングなのです。

関係性マーケティングの3つの側面

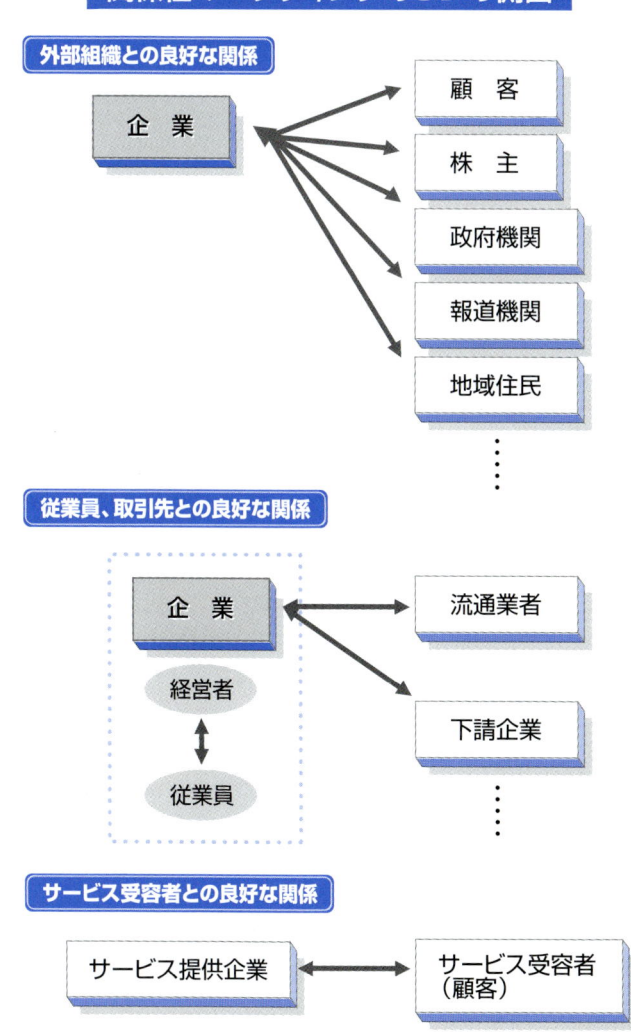

外部組織との良好な関係

```
企業 → 顧客
     → 株主
     → 政府機関
     → 報道機関
     → 地域住民
     ⋮
```

従業員、取引先との良好な関係

```
企業 ⇔ 流通業者
    ⇔ 下請企業
    ⋮

経営者 ⇔ 従業員
```

サービス受容者との良好な関係

```
サービス提供企業 ⇔ サービス受容者（顧客）
```

12 マス・カスタマイゼーション
個別ニーズと大量生産の折り合い

> 価値観が多様化する中、消費者の個々のニーズに適合することは極めて重要です。個々のニーズの同質的な面をくくり、パターン化された製品やサービスを提供しようとする考え方がマス・カスタマイゼーションです。

ワン・トゥー・ワン・マーケティングは間違いなく主流になりつつありますが、たとえば生地から洋服を仕立てるように完全に消費者個人のニーズや事情に基づいて注文生産をしていたのでは、コストや時間が膨大になります。

消費者の個別ニーズと大量生産のベースの折り合いが不可欠です。マス・カスタマイゼーションは製品の部品部分を大量生産で作り、その組み合わせ方によって多様性を実現します。

この方式で有名なのはデルです。この企業では、顧客の望むCPU、ハードディスク容量、CD-RWなどの希望スペックに基づいて製品を組み立てて消費者に提供します。

しかし、顧客向けにカスタマイズされているのは部品の組み合わせ方だけで、各部品は大量生産されています。このような形でパターン化された製品によって顧客のきめ細かなニーズは満たされ、企業側も部品部分の大量生産によって規模の経済性が働きローコスト化を実現できるのです。

また、アマゾン・ドット・コムでは、顧客の好みそうな書物を推薦します。これは個人向けのカスタマイズ対応ですが、過去の情報検索、購買履歴、アンケートへの回答、投稿などに基づいて割り出されたパターンに基づいて提示しているのです。

マス・カスタマイゼーションの仕組み

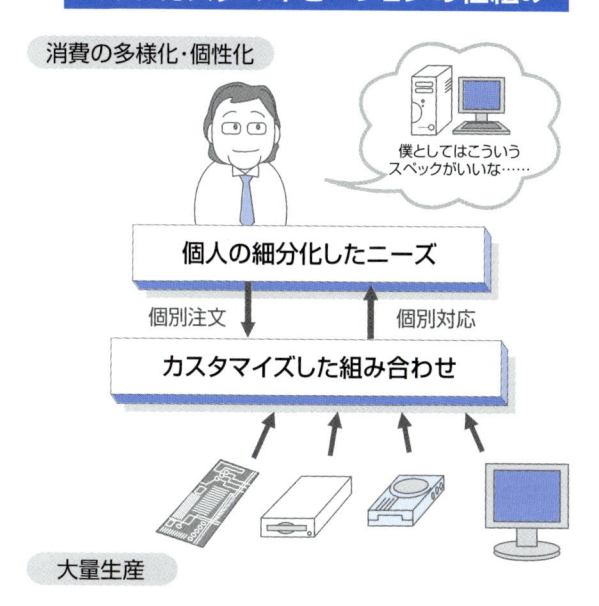

消費の多様化・個性化

僕としてはこういうスペックがいいな……

個人の細分化したニーズ

個別注文　↓　個別対応

カスタマイズした組み合わせ

大量生産

個人向けプロモーション

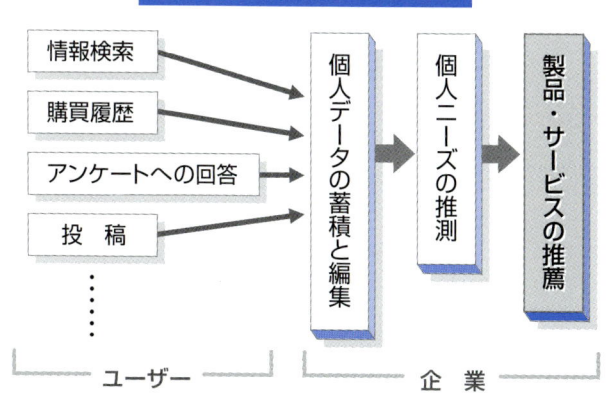

- 情報検索
- 購買履歴
- アンケートへの回答
- 投　稿
- ……

→ 個人データの蓄積と編集 → 個人ニーズの推測 → 製品・サービスの推薦

ユーザー　｜　企　業

13 クリック・アンド・モルタル
バーチャルとリアルの融合

> バーチャルの取引は、リアルの取引を完全に代替するものではありません。バーチャルとリアルの機能の違いを理解し、うまく組み合わせてメリットを引き出そうという考え方がクリック・アンド・モルタルです。

　米国では昔から有店舗のことをブリック・アンド・モルタルと表現することがありました。クリック・アンド・モルタルはそれをもじったもので、クリックとは、ネットでの電子小売業を象徴する言葉です。そしてモルタルは、レンガとモルタルで作った旧来の有店舗を意味します。

　電子小売業には数々のメリットがありますが、ネットバブルの崩壊に端的に示されたように、実現できないことも少なくありません。

　たとえば、1つは実見性です。クリックでは画像でイメージを提供しますが、商品を実際に目で見て触って納得をしてもらうことはできません。

　2つ目は応答性です。クリックでは質量ともに、モルタルで店員が対面するのと同じようには応答はできません。

　3つ目は即時性です。クリックは、ネットを介した通信販売であり、コンビニエンスストアや自動販売機のように迅速な商品の入手はできません。

　4つ目は団欒性です。クリックでは、家族や友人とショップを散策し、楽しい時間を過ごすことはできません。

　クリック・アンド・モルタルは、どちらか一方に偏重するのではなく、両者の機能の違いを理解し、うまく調和を図ることによって、シナジー効果を得ようとする取り組みです。

クリック・アンド・モルタルの意味

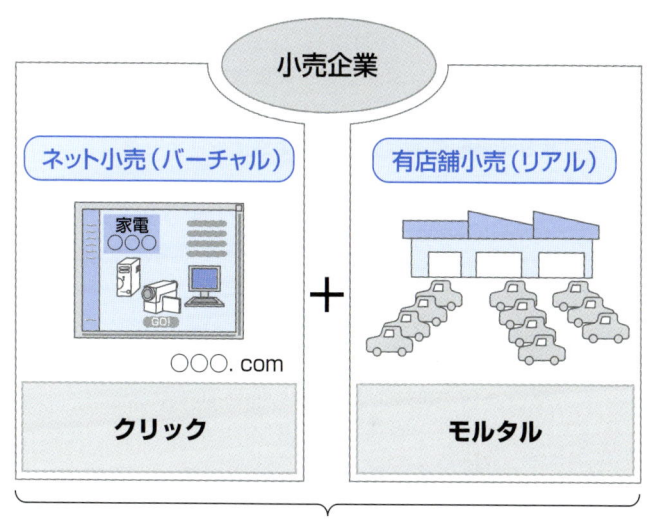

小売企業

ネット小売（バーチャル）
○○○.com
クリック

＋

有店舗小売（リアル）
モルタル

クリック・アンド・モルタル

ネット小売業の難点

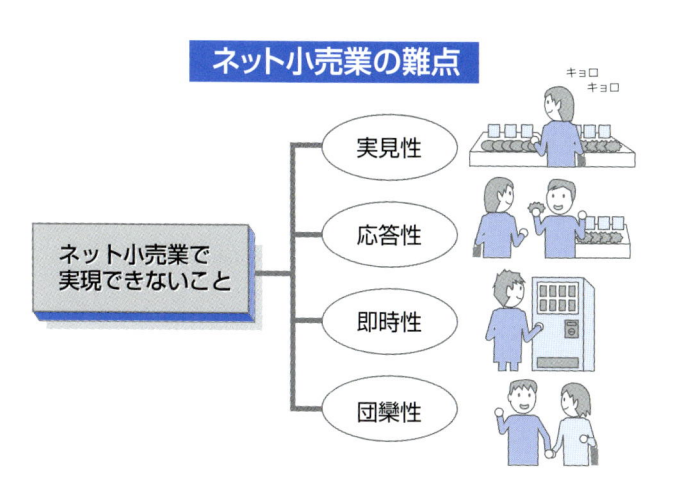

ネット小売業で実現できないこと
- 実見性
- 応答性
- 即時性
- 団欒性

14 リバースオークション
需要と供給のマッチング

> 需要と供給は質、量、タイミングの面でマッチングすることが重要です。ネット上で企業を競わせ、自分の購入条件にマッチする相手を容易に見つけ出す方法を逆オークションといいます。

　かつて、われわれは製品を希望する条件で購入するために多大な探索コストが必要でした。どこに自分の欲しいものを販売する人がいて、どこに自分の売りたいものを買いたい人がいるのかを知る手だてがほとんどありませんでした。また、オークション（競売）も一定の資格要件が必要で、一般の消費者には参加しづらいものです。

　しかし、インターネットの普及により、ネット経由で一般消費者が容易に参加できる競売システムが構築されるようになりました。利用者は、氏名、メールアドレス、自己紹介などを登録し、利用規程を守れば参加できます。

　これの1つの進化形態が、リバースオークション（逆オークション）です。これは、出品された製品を前にして複数の買手が落札価格を競り上げる通常のオークションではなく、買手が希望の商品について買いたい価格（落札価格）やその他の条件をネット上に提示し、それに応じたい企業を競わせ、より買手の条件にかなった相手を発見するという方法です。

　米国のネット企業大手のプライスライン・ドット・コムが考案し、1997年に特許を取得したビジネスモデルです。日本でも新車販売、ホテル予約、不動産販売などの商品で実施されたことがあります。

需要と供給のミスマッチ

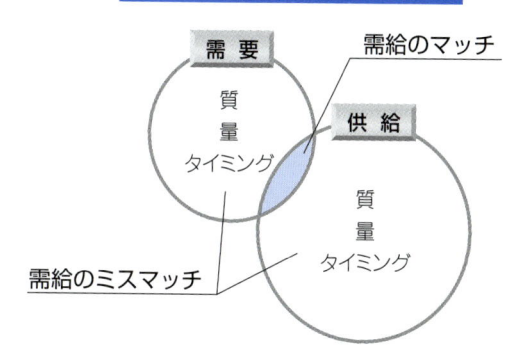

```
   需 要
    質
    量        需給のマッチ
  タイミング     供 給
                質
                量
              タイミング
需給のミスマッチ
```

- 往々にして、需給は上の図のようにミスマッチしている場合が多い。
- 企業は需給のマッチ（色部分の拡大）を図ることが必要である。

オークションとリバースオークション

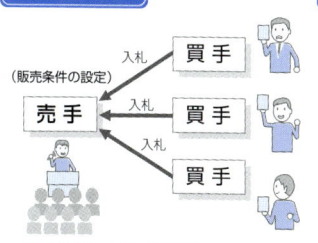

オークション

（販売条件の設定）
売手 ← 入札 ― 買手
     ← 入札 ― 買手
     ← 入札 ― 買手

リバースオークション

売手 ― 入札 →
売手 ― 入札 → 買手（販売条件の設定）
売手 ― 入札 →

オークション
- 販売条件の設定者が売手である。
- 買手から売手に向けて入札が行われる。

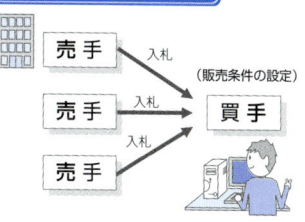

リバースオークション
- 販売条件の設定者が買手になる。
- 売手から買手に向けて入札が行われる。

15 フリー価格
価格をタダにするビジネスモデル

> 製品やサービスの価格がタダになるとしたら、消費者にとってこんなにありがたいことはありません。実際にはこんな虫のいい話はないように思いますが、調べてみると無料で提供されているものは意外に数多く存在します。

　クリス・アンダーソンは、著書『フリー〈無料〉からお金を生みだす新戦略』（NHK出版）を2009年に著し、無料で製品やサービスを提供する次のような方法論を明らかにしました。

①**直接的内部相互補助**　これは、無料の提供物の恩恵を受ける消費者が、他の有料物にお金を支払うことによって、直接的に無料化した部分のコストを回収できるという方法です。例えば、０円の携帯電話を手に入れると、必ず２年以上の通信キャリアの契約が必要になるという場合です。

②**三者間市場**　売手および買手にもコストの負担はなく、第三者がフリーの提供物にかかるコストを支払ってくれるというビジネスモデルです。民放のテレビ番組、フリーペーパーなどが代表的です。

③**フリーミアム**　製品の簡易版をフリーで提供し、上級者やプロ向けのプレミアム版を有料で提供することによって、ビジネスとして成り立たせる方法です。これはネット上に提供されているソフトに見られることがあります。

④**非貨幣市場**　これはこの用語の通り、貨幣の介在しない製品やサービスの提供行為です。いわゆるボランティア活動というと一番わかりやすいですが、製品やサービスを提供する人にとって、注目され、尊敬されるという満足感を得ることが目的となります。「寄付行為」もこれに当たります。

①直接的内部相互補助

消費者 ← 有料製品 ← 提供者
消費者 → ¥ お金 → 提供者
消費者 ← 無料製品 ← 提供者

②三者間市場

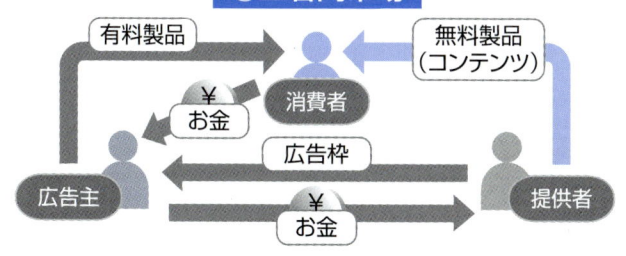

有料製品 → 消費者 ← 無料製品（コンテンツ）← 提供者
広告主 → ¥ お金 → 消費者
広告主 ← 広告枠 ← 提供者
広告主 → ¥ お金 → 提供者

③フリーミアム

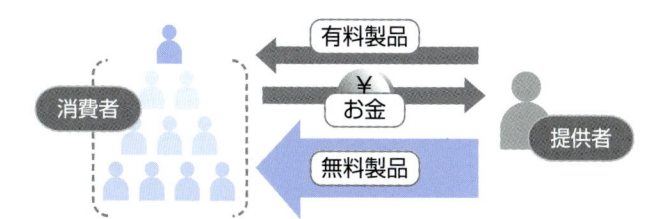

消費者 ← 有料製品 ← 提供者
消費者 → ¥ お金 → 提供者
消費者 ← 無料製品 ← 提供者

④非貨幣市場

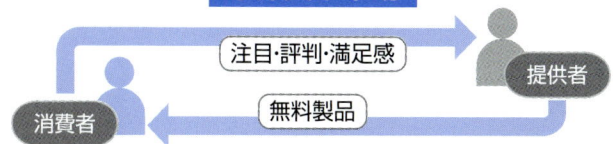

消費者 → 注目・評判・満足感 → 提供者
消費者 ← 無料製品 ← 提供者

（注）クリス・アンダーソン『フリー〈無料〉からお金を生みだす新戦略』の図を一部修正

16 デ・マーケティング
過飽和需要を減退へ

> 需要が組織の供給力を超えることがあります。これが過飽和需要です。これに対処するために、組織が価格を上げたり、広告を止めたりして、供給したい水準まで需要量を減少させるのがデ・マーケティングです。

　米国のマーケティング学者フィリップ・コトラーによれば、デ・マーケティングは、①一般的デ・マーケティング、②選択的デ・マーケティング、③表面的デ・マーケティングの3つに分けることができます。

　①一般的デ・マーケティング　たとえば過剰人気の美術館が美術品の破損を避けるため入場者数を制限するというように、組織が自己の製品の全体的な需要を減少させたい時に実行されるマーケティングです。わが国でも、京都の古寺で拝観者を制限するために、あえて高い拝観料を設定したところがあります。

　②選択的デ・マーケティング　たとえばディスコで男性の入場料を高めたり、複数の男性だけで来店する場合には入場を断るというように、ある特定の客層の需要を減少させるマーケティングです。

　③表面的デ・マーケティング　わざと生産量を制限したり、販路を閉じて入手しにくくして、欲望を煽り、需要の増加を狙うマーケティングです。これは上の2つと異なり、需要の減少が目的なのではなく、故意に製品の希少性を高めることによって製品の価値を高め、最終的に高イメージで製品の販売を行おうとするマーケティング戦術です。

デ・マーケティングの目的と手段

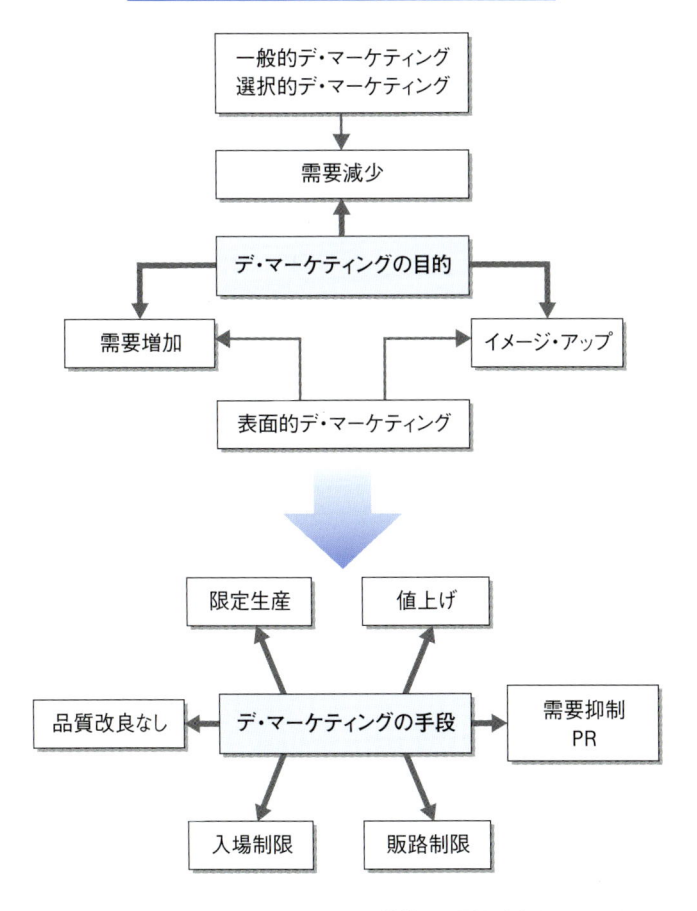

```
        ┌─────────────────────┐
        │ 一般的デ・マーケティング │
        │ 選択的デ・マーケティング │
        └─────────┬───────────┘
                  ↓
        ┌─────────────────┐
        │    需要減少      │
        └─────────┬───────┘
                  ↑
        ┌─────────────────────┐
        │  デ・マーケティングの目的  │
        └──┬──────────────┬───┘
           ↓              ↓
    ┌──────────┐    ┌──────────────┐
    │  需要増加  │←   →│  イメージ・アップ │
    └──────────┘    └──────────────┘
           ↑              ↑
        ┌─────────────────────┐
        │  表面的デ・マーケティング │
        └─────────────────────┘
```

⬇

```
   ┌────────┐        ┌────────┐
   │ 限定生産 │        │  値上げ │
   └────────┘        └────────┘
         ↖              ↗
┌──────────┐  ┌──────────────────┐  ┌──────────┐
│品質改良なし│←│ デ・マーケティングの手段 │→│ 需要抑制  │
└──────────┘  └──────────────────┘  │   PR    │
         ↙              ↘            └──────────┘
   ┌────────┐        ┌────────┐
   │ 入場制限 │        │ 販路制限 │
   └────────┘        └────────┘
```

- デ・マーケティングは、上図のように純粋に需要を減少させることと、あくまでも希少性を高めて将来的な需要増加やイメージ・アップを図ることを目的とするものに大別できる。
- 具体的なデ・マーケティングの手段には、下図のような値上げ、限定生産、販路制限などがある。

17 コラボレーション(協業マーケティング)
相互利益のための協業

> 異業種の企業や競合企業とが相互利益を得るために協業することをコラボレーションといいます。これは主にモノやサービスが売れない不況下で、お互いの強みを生かしたり、コストの低減を図ろうという考え方に基づいています。

コラボレーションには主に次のようなタイプがあります。

①シナジー型　今日しばしばみられるのが、有名企業同士で強みを生かしてシナジーを得るタイプです。これは、たとえばハイブリッド型の共同開発製品にみられ、1つの製品に2つのブランド・ネームやロゴをつけるのが一般的です。ディズニーやハローキティのキャラクターと携帯電話の一体化がこれに当たります。また、有名企業同士によるコラボレーションCMも同様です。

②アウトソーシング型　今日のように分業化、専門特化が進むと、企業は自己の得意分野を徹底的に磨き、そうでない分野は他の専門企業に任せ、協力し合ったほうが、相互利益につながることがしばしばあります。近年の映画業界の斜陽により、映画配給会社とテレビ局が「制作委員会」を立ち上げ、共同して作るという形が一般化してきています。

③コスト分担型　コスト分担の面から、共同化できるところはライバルとでも一緒にやるというタイプです。典型例は、ビール瓶で、ビール業界ではライバル関係にある企業同士で瓶を共通化して使い合っています。

企業間でのコラボレーションは、違和感の魅力を生むことがあり、シナジー効果を発現させたり、コストを低減させたりする重要な取り組みといえます。

コラボレーションのタイプ

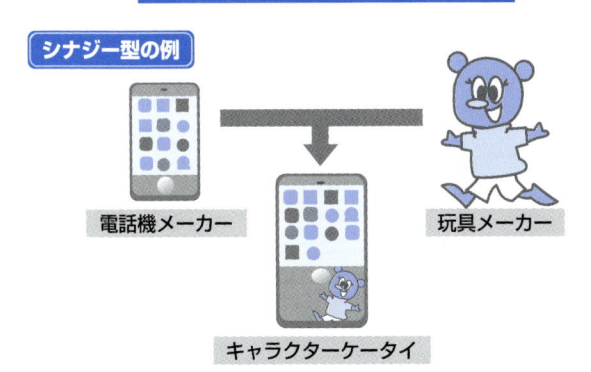

シナジー型の例

電話機メーカー　玩具メーカー

キャラクターケータイ

アウトソーシング型の例

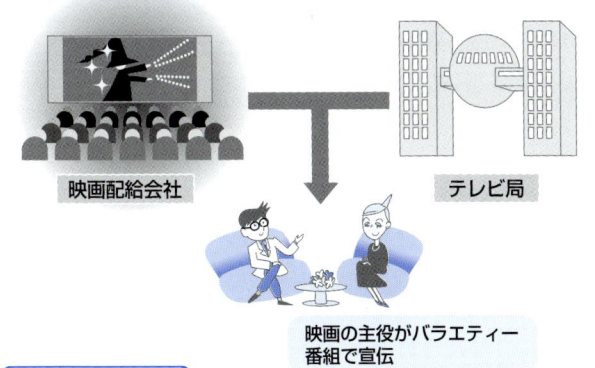

映画配給会社　テレビ局

映画の主役がバラエティー番組で宣伝

コスト分担型の例

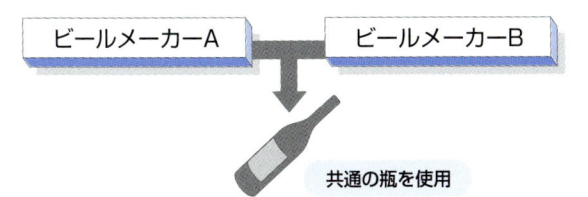

ビールメーカーA　ビールメーカーB

共通の瓶を使用

Coffee Break
メトロセクシャル市場

　ちょっと懐かしい言葉を聞きました。それは「ウーバーセクシャル」です。韓国の男性アイドルグループ SUPER JUNIOR の楽曲『Mr. Simple』のコンセプトがそれでした。この言葉は、女性的な美意識や繊細さと、男性的な力強さを表すウーバーが融合した概念です。これらを兼ね備えた男性は理想的といえるでしょう。

　ただ傍観するところ、このような完全無欠な人物は絶対数が少ないように思われます。ところが、メトロセクシャルは昨今明らかに増えているように思います。

　このメトロセクシャルとは、「都心」を意味するメトロに暮らし、爪を美しく磨いたり、眉毛を形よく整えたり、化粧やファッションなどにも女性的な繊細さでこだわりをもつ男性のことを意味します。英国作家のマーク・シンプソンが *It's a Queer World* という著書の中で1994年に初めて提示した造語です。

　一般的な傾向として、現代の「男」が、エステや化粧、美容整形、美脚パンツなど「美」に対する関心を強めてきていることは間違いありません。成熟産業となっている化粧品業界やアパレル業界では、「女性のような美しさを追求する男性」という潜在性のあるフロンティア・マーケットとして、近年熱いまなざしを向けています。

　小売業界でも伊勢丹、阪急、近鉄などの百貨店がメンズ館を作り、好評を博しています。もちろん、こうしたターゲット限定型の大型店がどこにでも成立するわけではありませんが、美意識が高く、ブランドへのこだわりの強い日本人男性は、間違いなくこの潜在市場性を秘めていると思います。

第 II 章
顧客関係を強化する

18 CSS
顧客満足戦略

> 顧客は、自分のニーズを満たしてくれるモノやコトにのみ大切なお金を支払ってくれます。顧客を満足させ、喜んでお金を支払ってもらうための企業の取り組みのことをCSS（Customer Satisfaction Strategy）といいます。

本来、マーケティングは、顧客志向を活動の中心概念に据えています。顧客のニーズをキッチリと把握し、それに創造的に適応することによって、売り上げや利益を確保でき、存続することができるという考え方です。

しかし、現在に至ってもマーケティングは、営業や販売活動と同一視されることが少なくありません。「なんとか売り込もう」あるいは「売り切ろう」などの言葉に代表されるように、顧客の要望や期待に応えようという態度は二の次になっています。

CSSは、もともとのマーケティングの原点である顧客志向を再確認し、顧客ニーズへの徹底した適合および個人対応という視点から全社的な取り組みを行おうとするものです。

高度成長時代が終わりを告げ、安定成長、低成長の時代に入って、モノやサービスが容易に売れなくなりました。これは人口の減少、高齢化などによる構造的な供給過多の状態に入ったからという判断もありますが、需要と供給のミスマッチによって起こっている面が強いのです。

顧客志向の原点に立ち戻り、顧客のニーズのきめ細かな分析によって需給のマッチングを図り、満足や感激、感動を惹起するための全社的な戦略が必要だといえます。

販売志向

- 現在でもしばしばみられる「製品先にありき」の考え方で、必死に売り込もうとする。
- 顧客のニーズは二の次なので、たいした成果は上がらず、長期的な存続はできない。

顧客志向を包含するCSS

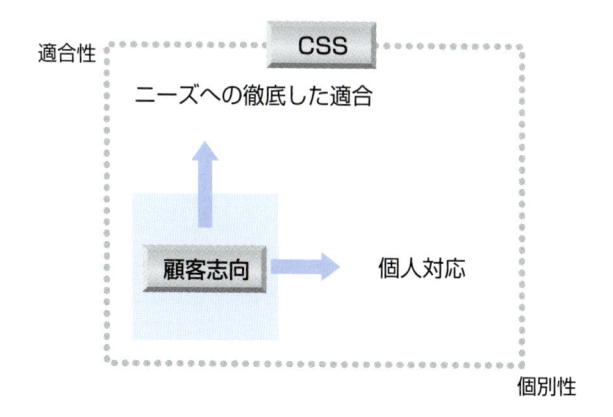

適合性

CSS

ニーズへの徹底した適合

顧客志向 → 個人対応

個別性

- CSSは顧客の満足を目的に据え、従来の顧客志向の考え方以上にニーズへの適合性を高め、個人対応を進める取り組みである。

19 シーズとニーズ
技術志向と消費者志向

> 主に企業の研究開発部門や技術部門が、研究の結果として出してくる製品化のアイデアをシーズといいます。これに対して消費者の視点からこのようなものが製品化されたらいいのになと思う欲求をニーズといいます。

シーズ（seeds）は「種」という意味で、企業内ではR＆D（研究開発）部門が主に提示します。ハイテク系の大企業では大規模な研究所を持ち、多数の博士号取得者が新技術の開発に取り組んでいます。大幅な普及をみた携帯電話も通信技術、デバイス技術などの研究開発により実現しました。

人々にとって有用性の高いシーズは、ある日突然状況を一変させる力を持っています。エコカー、電子レンジ、クレジットカード、自動改札機、CD、薄型液晶ディスプレーなどの新技術の開発によって、われわれは利便性や豊かさ、快適性を手に入れることができました。

しかし、マーケティングの分野ではもともとニーズが重要であるとされています。お金を支払ってくれるのは消費者である以上、消費者の望むものを提供するのが当然です。

3Mのポスト・イットがその典型です。もともと同社には、はがれるのりという技術はあったのですが、その用途がわからず製品化されませんでした。ところが、サンプルを秘書に使ってもらったところ、便利で手放せなくなったといいます。

ニーズもシーズも車の両輪のようにどちらも大切ですが、考え方としては、シーズで技術的に先行し、ニーズがそれに改良を加えると考えればよいでしょう。

シーズとニーズの対比

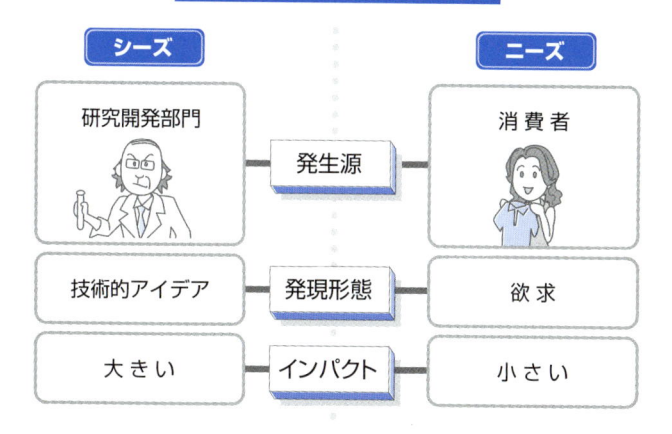

シーズ		ニーズ
研究開発部門	発生源	消費者
技術的アイデア	発現形態	欲求
大きい	インパクト	小さい

シーズとニーズの合体による製品の開発

研究開発部門 → **シーズ**（技術、アイデア、素材など） → **ニーズ**「こんなモノあったらいいな」「こういうコトができればいいな」 ← 消費者

→ ニーズに合う先端製品の開発

ここでの「ニーズ」は基礎的欲求のみを指すのではなく、高次の欲求を含めた消費者の全欲求を意味する。

20 プロシューマーとコンシューマー
モノ作りに向かう消費者と受動的消費者

> モノを作るのは本来、生産者の役割です。しかし購買意識が高まり自ら好みにあったものを作る消費者をプロシューマーといいます。これに対し既存品の選択だけを行う受動的な消費者をコンシューマーといいます。

　プロシューマーとは未来学者のアルビン・トフラーが『第三の波』という著書の中で登場することを予想した新しいタイプの消費者像です。

　これは、プロデューサー(生産者)とコンシューマー(消費者)が融合した概念で、大量生産され画一化された製品に満足することなく自分の好みに合った製品を自分自身で作り上げる人を意味します。

　近年、消費の多様化は顕著で、カスタマイズを要求する消費者が増えてきました。またデジタル革命によりコンピュータおよびネットワークを利用した個別対応のインフラも整ってきました。

　このような状況下で、人々はたとえばコンピュータゲームを自作したり、CDを自主編集したり、オリジナル・スペックのパソコンを自作したりしています。日曜大工やガーデニングなどもプロシューマーの仕事といっていいでしょう。

　これに対してコンシューマーは、大量生産、大量消費の時代の消費者像で、生産者が標準的に作ったものの中から好みのものを選択するだけです。その意味でプロシューマーに比べると主体性に乏しいといえます。今後一層、価値観が多様化し、カスタマイズ志向が高度化すると、コンシューマーからプロシューマーへと変質する人は増えるでしょう。

プロシューマーの意味

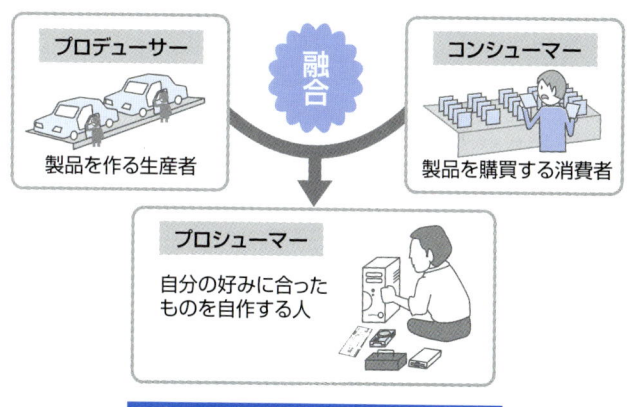

- **プロデューサー**：製品を作る生産者
- **コンシューマー**：製品を購買する消費者

融合 → **プロシューマー**：自分の好みに合ったものを自作する人

プロシューマー誕生の背景

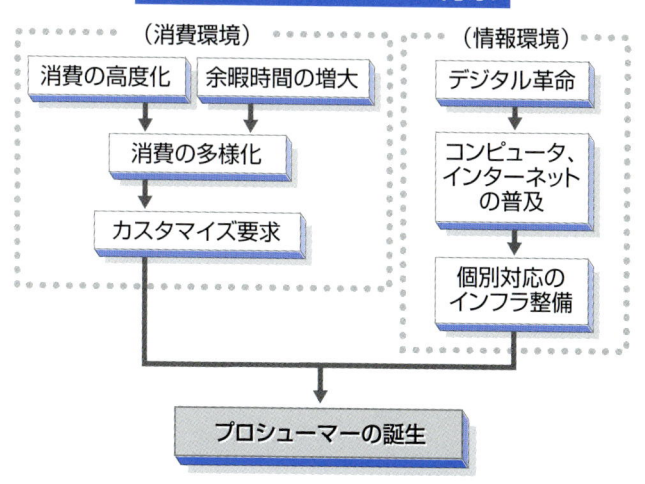

（消費環境）
- 消費の高度化
- 余暇時間の増大
- → 消費の多様化
- → カスタマイズ要求

（情報環境）
- デジタル革命
- → コンピュータ、インターネットの普及
- → 個別対応のインフラ整備

→ **プロシューマーの誕生**

消費の多様化の背景には、消費の高度化、余暇時間の増大がある。

21 マインド・シェア
特定企業への思い入れの度合い

> 消費者がある特定の企業名や製品に対して愛着を持ち、リピーターとなるのは企業にとって望ましいことです。個々の消費者の認知やイメージにおいて、ある特定の企業が占める割合をマインド・シェアといいます。

　伝統的なマーケット・シェアの発想は、製品を購入してくれる顧客を競合企業よりも多く発見・開拓しようとするものでした。しかし、新規の顧客を獲得するには、新たなリサーチやプロモーションに多額のコストがかかり、非効率です。

　そこで顧客一人ひとりに目を向け、個々の消費者に特定企業の製品をより多く買ってもらうことが重要だと認識されるようになりました。

　たとえばブランド・メーカーでバッグの販売と同時に衣料品や靴、スカーフなどのクロス・セリング（関連販売）を行うというものです。そのためには顧客のニーズや過去の購買履歴などのデータベースを活用し、製品提案やサービス面でのカスタマイズが必要になります。

　従来型のマーケティングでは、新規顧客を獲得するために多大なコストがかかるだけでなく、競争が激化すると自己のマーケット・シェアを維持するために新たに投下するコストが拡大するという傾向にありました。

　マインド・シェアを高めるという発想に立つと、消費者の心の中にはコーポレート・ブランドが形成されているため、それが良好であるならば、追加的な投資はほとんど必要なくなります。限界効用逓増の法則が働き、より高い成果を上げるために追加で必要となるコストは少なくなるのです。

既存のマーケット・シェア

既存のマーケット・シェア

- 既存のマーケット・シェア
- トータル・マーケット

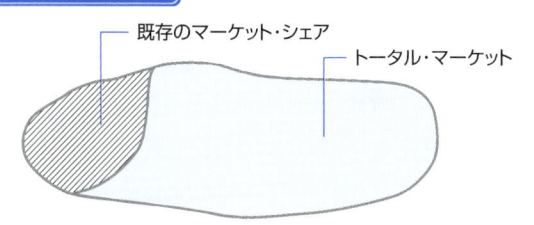

マーケット・シェアの拡大

新規顧客の獲得

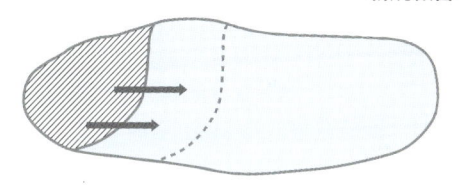

例えば点線のところまでマーケットをとること

マインド・シェアの拡大

既存顧客の深耕

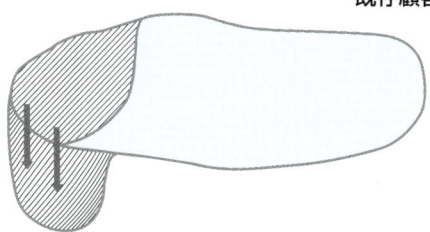

既存のマーケット（顧客）を対象に関連製品や多頻度の購買を促す。

22 リテンション・マーケティング
顧客維持戦略

> 顧客と長期的な関係を構築することは収益に大きな影響を及ぼします。ロイヤル・カスタマー（優良顧客）を離さず、長期的に良好な関係を維持するための市場創造活動がリテンション・マーケティングです。

　従来から顧客やブランドに対するロイヤルティ（忠誠）を高めることが重要であると指摘されてきました。とくに新規の顧客獲得が難しく、多大なコストがかかる状況になってからは、この考え方が再びクローズアップされています。
　『顧客ロイヤルティのマネジメント』の著者、フレデリック・F・ライクフェルドは、既存顧客の離反率を現状から5％下げられれば、企業収益は25％以上増加するという関係性を明らかにしました。また2対8法則といわれるものがあり、上位20％の優良顧客で全体の80％の売り上げを占めているといわれます。ロイヤルティの高い顧客を維持することがいかに重要かがわかります。
　既存顧客はすでに企業や製品についてよく知っているため、新規顧客を獲得する場合に比べてプロモーションの費用が低くて済みます。またロイヤル・カスタマーを大切にし、彼らにいいイメージを持ってもらえれば彼ら自身が広告媒体となって口コミで新規の顧客を紹介してくれることになります。
　ロイヤル・カスタマーをつなぎとめておく方法にはさまざまなものがありますが、1つの典型はFSP（Frequent Shopper Program, 23参照）です。具体的には航空会社のマイレージサービスや家電量販店のポイントカードなどがこれに当たります。

2対8法則

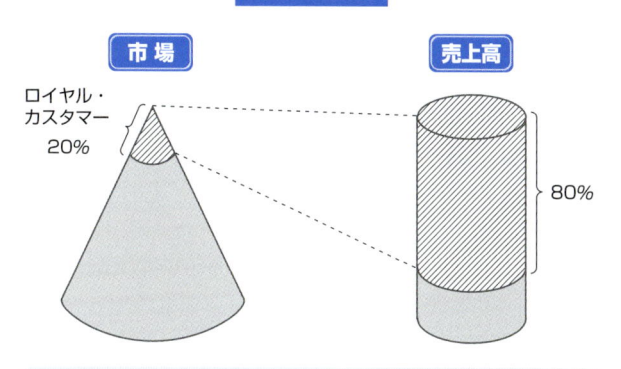

市場 / **売上高**

ロイヤル・カスタマー 20%

80%

上位20%の優良顧客で全売り上げの80%を占めるといわれる。

ロイヤル・カスタマーが企業にもたらすもの

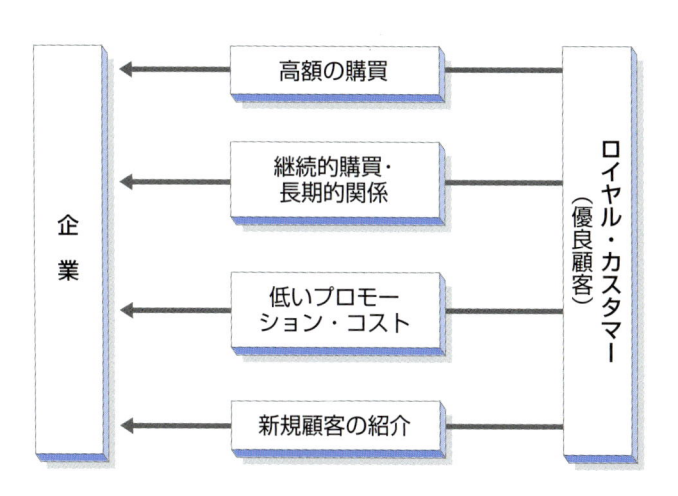

企業 ← 高額の購買 ← ロイヤル・カスタマー(優良顧客)

企業 ← 継続的購買・長期的関係 ← ロイヤル・カスタマー(優良顧客)

企業 ← 低いプロモーション・コスト ← ロイヤル・カスタマー(優良顧客)

企業 ← 新規顧客の紹介 ← ロイヤル・カスタマー(優良顧客)

23 FSP
優良顧客の維持・拡大策

> 顧客は重要ですが、すべての顧客が均等に重要というわけではありません。製品やサービスを多頻度に購買してくれる優良顧客を維持、拡大するため、利用頻度に応じて特典を提供する取り組みを FSP といいます。

企業にとって好ましい顧客とそうでない顧客は厳然と存在します。好ましい顧客とは、企業自体や企業の作り出す製品やサービスに対してロイヤルティを持ち、多頻度かつ多額に商品を購入してくれる人々です。

FSP（Frequent Shopper Program）は、このような優良顧客を大切にし、より親密度を高めるために利用度に応じて特典をつけていくという方法です。

これの先駆けはアメリカン航空が1982年から始めたマイレージ・サービスだといわれています。これは一定のマイル数がたまると無料で航空券がもらえるというシンプルなものでした。

その後、顧客にカードを作成させ、利用度をポイント化して、そのポイント数に応じてディスカウントや買い物券を提供するという方法がカメラ店、パソコンショップ、ガソリンスタンド、百貨店、スーパーなどでみられるようになりました。ポイントカードは優良顧客を離さないという効果と同時に顧客の購買履歴を得ることができ、それを後のマーケティングに生かすことができるのです。

しかし、安易な値引きポイントカードの導入によって負担増になっている企業も多くあります。導入にあたっては費用対効果についてシビアな検討が必要です。

好ましい客と好ましくない客

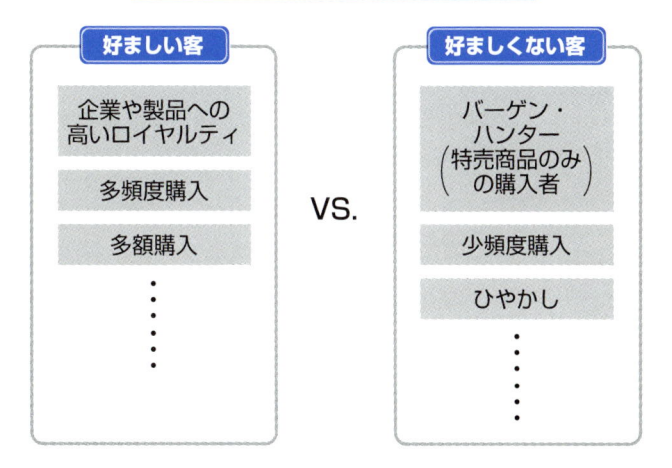

好ましい客
- 企業や製品への高いロイヤルティ
- 多頻度購入
- 多額購入
- ⋮

VS.

好ましくない客
- バーゲン・ハンター（特売商品のみの購入者）
- 少頻度購入
- ひやかし
- ⋮

FSPの方法と結果

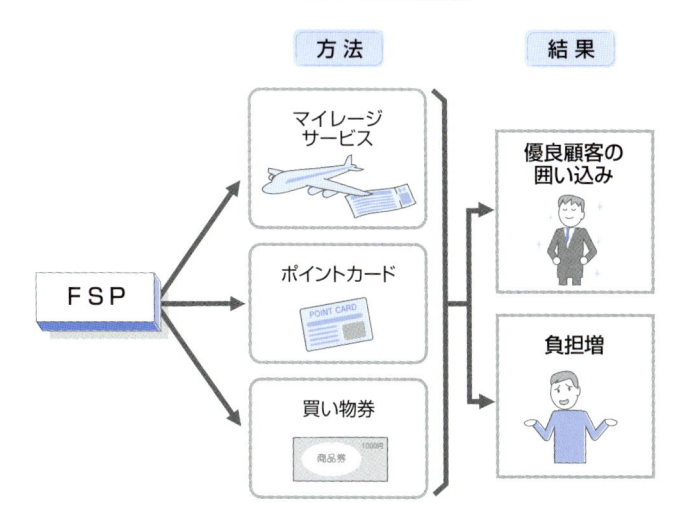

方法
- マイレージサービス
- ポイントカード
- 買い物券

結果
- 優良顧客の囲い込み
- 負担増

24 LTV（ライフ・タイム・バリュー）
顧客の生涯価値

> 消費者は一生を通じておびただしい額の商品やサービスを購入します。企業から見て、ある特定の消費者が一生涯を通じてその企業の製品やサービスを購入する総額のことをライフ・タイム・バリューといいます。

　あるビジネスマンは、たとえば一生で車を7台、テレビを12台、スーツを60着買うとします。自動車メーカーはこの消費者を時間軸で捉え、購入するであろう7台の車をすべて自社の製品にして欲しいと考えます。

　ただ、そのためにはその消費者の車に対するこだわりや希望するサービスまで詳細にデータベースを作り、把握する必要があります。そして買い換え需要が起こると思われる節目に、商品の案内を行ったり、優遇サービスを提案するなどしてマインド・シェア（21参照）を高め、リピーターとして確保するのです。

　ただし、消費者は保守的な人もいれば革新的な人もいて、一様ではありません。自社の製品やサービスに対して愛着を持ち、長い間利用し続けてくれるロイヤル・カスタマーを見つけ出して長期的な関係を築くことが重要となります。

　企業の戦略的視点では、その特定顧客が生涯を通じてどれくらい自社に貢献してくれる価値のある存在であるかを把握する必要があります。一時的に大量に購入してくれるいわゆるヘビーユーザーも重要ですが、時間はかかっても累積での購入金額の大きい人がメイン顧客になります。このような対象を見つけることにより、企業はコストのかかる新市場を獲得するよりも着実な利益を上げていくことができるのです。

LTVの考え方

ビジネスマン ○さん

一生涯に車を7台買うとする

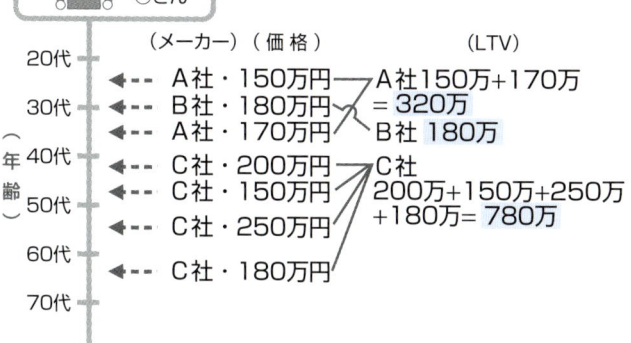

年齢	(メーカー)	(価格)	(LTV)
20代	A社	150万円	A社150万+170万
30代	B社	180万円	= 320万
40代	A社	170万円	B社 180万
40代	C社	200万円	C社
50代	C社	150万円	200万+150万+250万
50代	C社	250万円	+180万= 780万
60代	C社	180万円	
70代			

LTVで見ると、C社が780万円で最も高い成果を上げている。

LTVへの対応

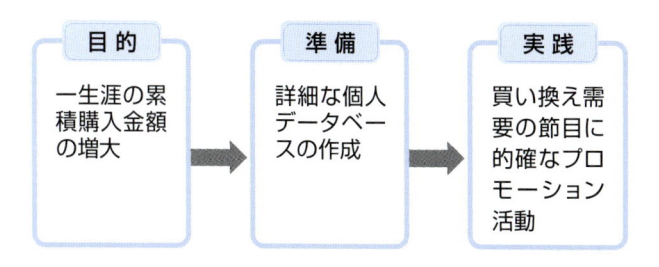

目的
一生涯の累積購入金額の増大

→

準備
詳細な個人データベースの作成

→

実践
買い換え需要の節目に的確なプロモーション活動

この対応によりマインド・シェアをアップさせ、リピーターの確保が可能になる。

25 コーポレート・コミュニケーション
社内外への意思伝達

> 企業は経済的主体ですが、社会的な存在でもあります。社内外に広く企業の理念、活動、社会貢献などを知ってもらい、長期的な関係を築くための意思伝達のことをコーポレート・コミュニケーションといいます。

商品広告や企業広告などのいわゆる「広告」は、顕在的および潜在的顧客へのプロモーション活動として極めて重要です。しかし、企業は直接的な顧客だけではなく、さまざまな主体とリンクしており、社会に開かれた企業としてステークホルダーに認知、理解してもらうことが重要です。

このための伝統的手法としてPRがあり、メディア企業への情報提供、パンフレットの作成、プロスポーツチームの所有、冠イベントの実施、奨学金の提供などの活動が行われてきました。ただし、PRはしばしば情報提供が企業から社会への一方通行であったため、対話が成立していませんでした。

しかし、1970年代後半以降、コーポレート・コミュニケーションという言葉が登場し、企業は透明性を高めて積極的に社内外でコミュニケーションを図ることによってコーポレート・ブランドを高めようという気運が高まりました。

IR（Investor Relations）はつとに有名ですが、たとえば企業が行うアナリスト説明会などにもトップ・マネジメントが出席し、質疑に答えるようになりました。また、社内でも企業のポリシーを終始徹底させ、企業目標を共有して成果の上がる行動を導くために、伝統的な紙媒体の社内報とともに、Web社内報ツールを導入するところもあります。

コーポレート・コミュニケーションの構成要素

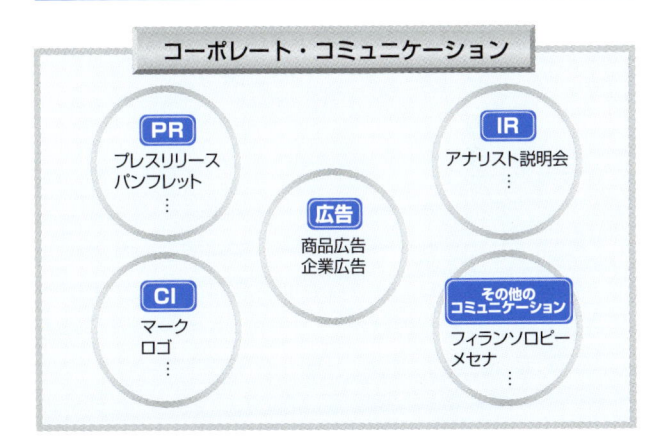

コーポレート・コミュニケーション

- **PR**
  プレスリリース
  パンフレット
  …
- **広告**
  商品広告
  企業広告
- **IR**
  アナリスト説明会
  …
- **CI**
  マーク
  ロゴ
  …
- **その他のコミュニケーション**
  フィランソロピー
  メセナ
  …

コーポレート・コミュニケーションが目指すもの

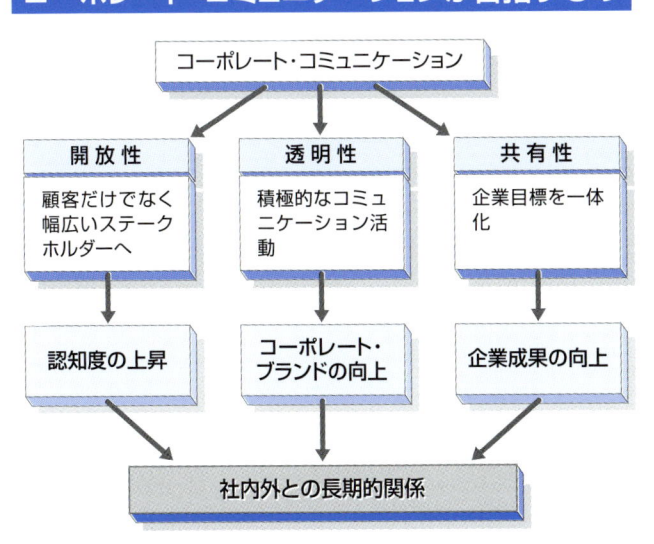

コーポレート・コミュニケーション

開放性	透明性	共有性
顧客だけでなく幅広いステークホルダーへ	積極的なコミュニケーション活動	企業目標を一体化
↓	↓	↓
認知度の上昇	コーポレート・ブランドの向上	企業成果の向上

→ 社内外との長期的関係

Coffee Break カバー曲ブーム

　往年のヒット曲や名曲をリバイバルするカバー曲がブームになっています。また、自分の昔の曲をカバーするセルフカバーも増えてきました。

　なぜ今カバー曲ブームが起こっているのでしょうか。

　もちろん、昔の名曲には楽曲としての優秀性があります。優れた楽曲は時代を超えて評価される可能性があります。加えて、懐かしさがあり、そこに古き良き日のノスタルジーが醸成されます。これらの結果、リバイバルされたカバー曲に対して、若者が好感を持つならば、親子二世代で同一の曲を楽しむことができます。興味深いことに、カバー曲ブームによって、親子で共通の視聴時間を過ごしたり、共通の話題で盛り上がったりという人も増えたといいます。

　これら以外にも、カバー曲には「異質の妙」の魅力があります。かつて好きだった曲を、自分が今好きな歌手に歌ってもらいたいというニーズがあるのです。

　カバー曲ブームにより、レコード業界も相応の恩恵を受けます。新曲の投入は作詞、作曲、広告などに多額のコストがかかり、一種の博打のようなリスクを伴いますが、高い音楽性を備えたカバー曲は時代を超えて人気化する可能性が高くなります。また、レコード会社は親子というダブルターゲットをうまく獲得できれば、「一粒で二度おいしい」という効果を期待することができます。つまり、カバー曲は、低い投下コストの割に高い販売成果を期待できるのです。

　近年の景気は暗澹とし、今後もそう簡単に好転しそうにありません。それゆえコストパフォーマンスの高いカバー曲のブームは、しばらく続くのではないかと筆者は考えています。

第 III 章

データとシステムを オペレーションに生かす

26 バリューチェーン
最大の付加価値を生む組み合わせ

> 組織の内外を問わず付加価値の生成は重要な課題です。そのために組織内はもとより、組織外における商品提供に関わる全ビジネス・プロセスを価値の連鎖と捉え、シビアにチェックしていこうという概念がバリューチェーンです。

バリューチェーンはマイケル・E・ポーターが1985年に提唱した概念です。80年代の米国は貿易赤字と財政赤字という双子の赤字に苦しみ、企業の競争力に疑問が投げかけられました。これを打開するため、企業はビジネス・プロセスを徹底的に見直す必要に迫られました。

当初は企業内の部門ベースでの問題点の明確化と改善の方向の洗い出しがなされ、個別企業というベースでの付加価値の形成（競争優位性の発揮）が図られました。

しかしその後、この発想が企業内にとどまらず、納入下請業者、メーカー、卸売業者、小売業者という顧客への商品供給に関わる全体プロセスにまで及び、各プロセスでどのような付加価値が合理的に生成されているのかが問われるようになりました。

企業は付加価値の生成において、自社の最も競争優位性の発揮できる部分を徹底的に磨くとともに、競争劣位のある部分は自前で処理しようとしたり、しがらみのある事業者に任せたりせず、最も付加価値生成の巧みな事業者にアウトソーシングすることが一番効率的、効果的であると悟りました。

高度情報化の進展により、バリューチェーンは今日、ECR（Efficient Consumer Response, 28参照）、QR（Quick Response, 28参照）、SCM（Supply Chain Management）という形で実践され定着しています。

ミクロ・ベースのバリューチェーン

企業(メーカー)
- R&D部門
- 購買部門
- 製造部門
- マーケティング部門
- 顧客サービス部門　等

→ 付加価値のチェック

（部門別の問題点の明確化と改善方向の明示）

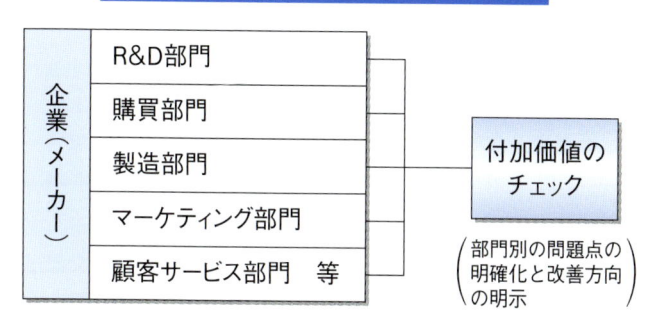

マクロ・ベースのバリューチェーン

ビジネス・プロセス
- 納入下請業者
- メーカー
- 卸売業者
- 小売業者
- 消費者

→ 付加価値のチェック

（各プロセスの問題点の明確化と改善方向の明示）

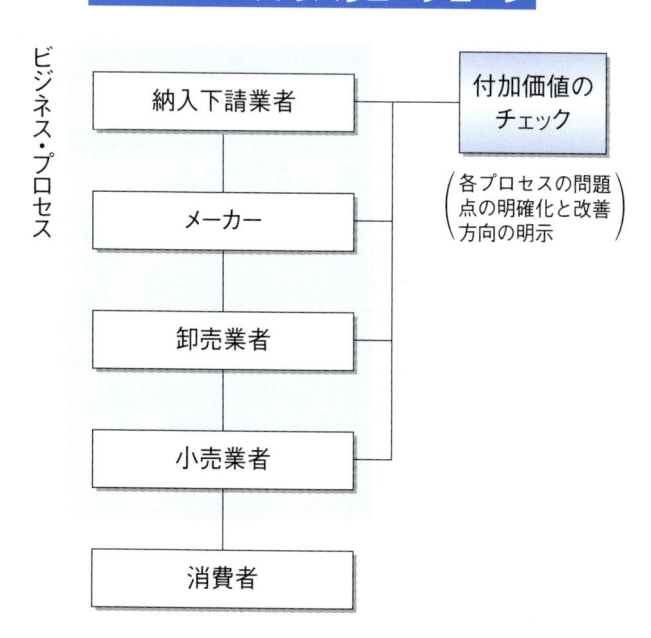

27 ERP
統合業務システム

> 景気低迷や競争激化によって、無駄なコストをいかに抑えるかということが至上命題となりました。これに対処するため、企業の各部門が個別に収集しているデータを統一的に管理し活用するシステムがERP（Enterprise Resource Planning）です。

これまで生産部門、販売部門、人事部門、会計部門などは独立した固有のデータベースを持ち、横断的な連携があまり明確ではありませんでした。しかし、業務の効率性を考えるとデータベースは共有化し、全社的に無駄のないビジネス・プロセスを構築することが重要です。

ERPは受注、生産、マーケティング、在庫、物流、会計、人事などの業務を有機的に統合化する概念ですが、主にはソフトを示します。これによって企業内の業務はダブらず、シームレス（継ぎ目なし）の状態になり、生産から出荷までのリードタイムを大幅に短縮することができます。

競争激化でローコスト化を迫られる企業にとって非常に重要なシステムであり、普及しています。しかしこれは、新たな管理システムの導入を意味し、このシステムにそわない今まで通りの仕事ではシステムの機能を十分に発揮することはできません。ERPの導入により、無駄の排除という観点から各部門の業務自体が変更の必要を迫られるのです。

現在、日本のERPはSAPジャパンと日本オラクルの2社が市場の過半を握っています。今後、ERPは企業内の業務統合ソフトウエアの側からCRM（Customer Relationship Management）ともリンクすることにより、さらに市場規模の拡大が見込まれます。

ERPの特徴

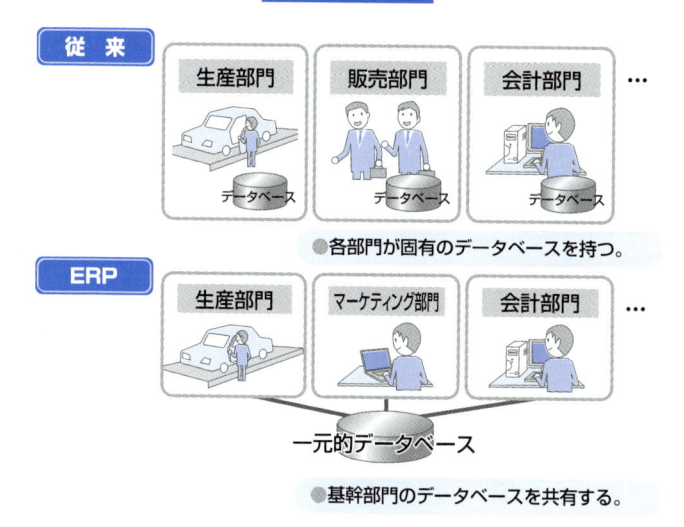

従来

| 生産部門 | 販売部門 | 会計部門 | ... |

データベース　データベース　データベース

● 各部門が固有のデータベースを持つ。

ERP

| 生産部門 | マーケティング部門 | 会計部門 | ... |

一元的データベース

● 基幹部門のデータベースを共有する。

ERPの効果

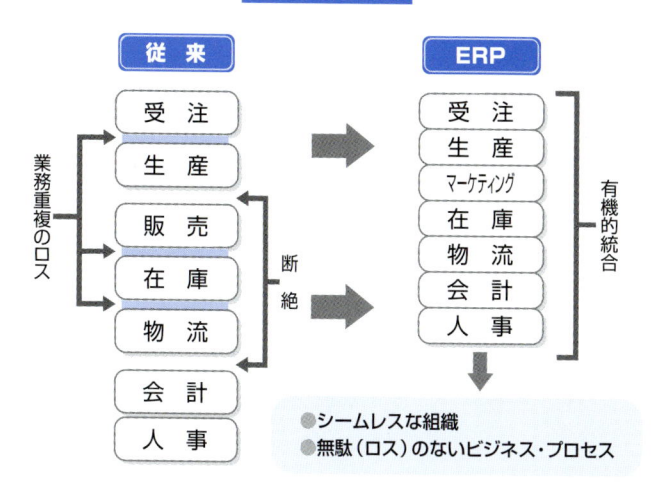

従来

業務重複のロス
- 受注
- 生産
- 販売
- 在庫
- 物流
- 会計
- 人事

断絶

ERP

- 受注
- 生産
- マーケティング
- 在庫
- 物流
- 会計
- 人事

有機的統合

● シームレスな組織
● 無駄（ロス）のないビジネス・プロセス

28 QRとECR
効率化のための協業システム

> 企業は自社の存続、発展のために個別に努力します。しかし部分最適化は必ずしも全体最適には結びつきません。製、配、販で情報を共有化し、全体最適をもたらすシステムのことをQRまたはECRといいます。

QR（Quick Response）は、1980年代に低価格の輸入衣料品の大量流入による空洞化を恐れた米国のアパレル産業が考案したシステムです。価格的にも品質的にも競争力のあるアパレル製品を作るために、メーカー（製）、卸売業者（配）、小売業者（販）が情報を共有化し、全体最適を目指したシステムを作り上げたのです。これにより川上のメーカーは見込み生産による過剰在庫を回避することができるようになりました。また卸や小売も欠品によるオポチュニティ・ロス（機会損失）や過大な在庫を被らずに済むようになりました。

ECR（Efficient Consumer Response）は、QRと同様のシステムを食品業界に適用したものです。FMI（米国食品マーケティング協会）が1993年5月からこの用語を使っています。

これらのシステムでの主要な成果は自動補充によるコスト低減です。日用品大手メーカーのP&Gと世界最大の小売業ウォルマートのECRでは、ウォルマートから提供されるPOS情報に基づいてP&G側が生産計画を立て、適時に商品を納入します。これにより生産ロスや過剰在庫、さらに欠品などが回避でき、コスト・ダウンが図れました。ウォルマートでは、在庫量が3分の1に減り、欠品率は3割縮小したといいます。

従来のシステムとの比較

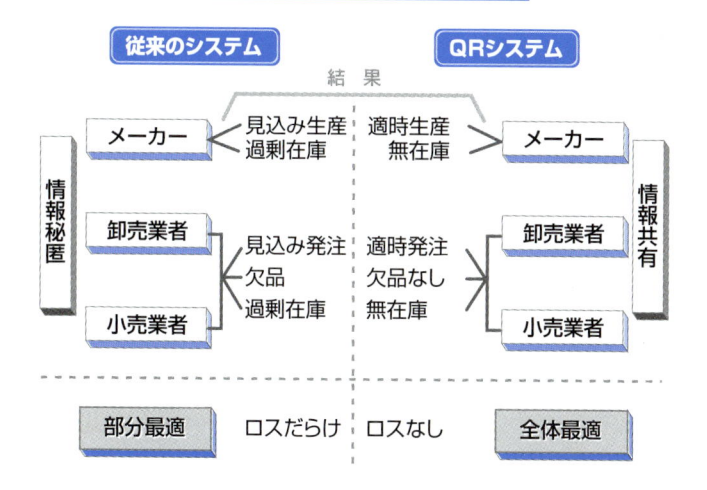

従来のシステム / **QRシステム**

結果

情報秘匿：
- メーカー → 見込み生産／過剰在庫
- 卸売業者・小売業者 → 見込み発注／欠品／過剰在庫

情報共有：
- メーカー → 適時生産／無在庫
- 卸売業者・小売業者 → 適時発注／欠品なし／無在庫

部分最適（ロスだらけ） ｜ 全体最適（ロスなし）

ウォルマートとP&GのECR

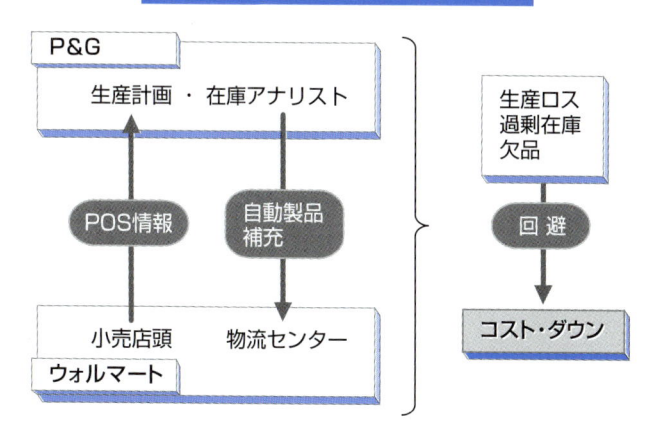

- P&G：生産計画・在庫アナリスト
- ウォルマート：小売店頭
- POS情報（小売店頭 → 生産計画・在庫アナリスト）
- 自動製品補充（→ 物流センター）

生産ロス・過剰在庫・欠品 → 回避 → コスト・ダウン

このようなECRをCRP/VMI（連続製品補充計画）という。

29 4C分析
勝ち残るための考慮次元

> 企業は通常、ライバル企業と同一市場をめぐって競合状態にあります。企業が競争に打ち勝つために顧客、チャネル、競争、企業の4つの次元を常時、分析・検討することを4C分析といいます。

フィリップ・コトラーは、競争を効果的に推進するために分析しなければならない項目として、顧客（customer）、チャネル（channel）、競争（competition）、企業（company）の4つを挙げました。これは頭文字をとって4C分析といいます。

主な分析の中身は次の通りです。

①**顧客**　対象市場を把握するために、誰が市場を構成しているか、何を買うか、なぜ買うのか、誰が購買に関わっているのか、どのように買うのか、いつ買うのか、どこで買うのかなどを分析。

②**チャネル**　誰をチャネルメンバーとするのか。チャネルメンバーのニーズは何か。売上目標達成度、平均在庫水準、顧客配送時間、破損や紛失の軽減などの面でチャネルメンバーはどの程度の成果を上げているかなどを分析。

③**競争**　競争相手はいったい誰なのか。その戦略はどういうものか。彼らの目的は何か。彼らの強みと弱みはどのような点か。彼らの反応パターンはどういうものかなどを分析。

④**企業**　自社の製品の売り上げはどうか。マーケット・シェアは何％とれているか。技術的に優れているところはどこか。人材の質はどうかなどを分析。

4C分析の対象

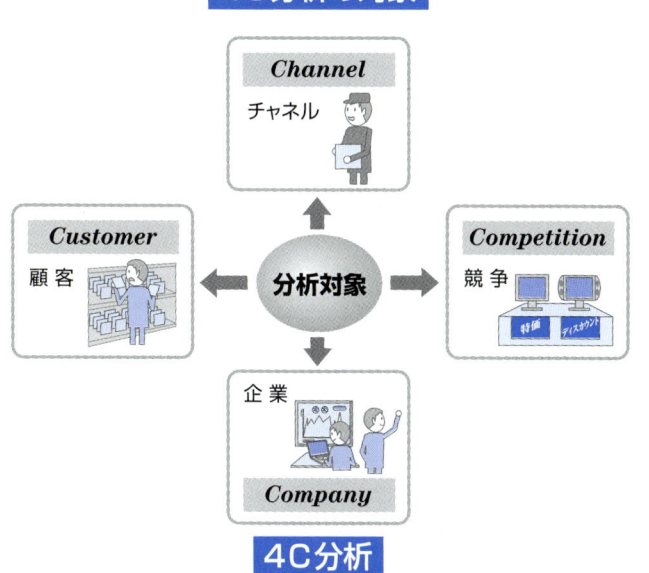

- **Channel** チャネル
- **Customer** 顧客
- **Competition** 競争
- **Company** 企業

← 分析対象 →

4C分析

分析対象	分析内容
Customer 顧客	・何を買うか　・なぜ買うのか ・いつ買うのか ・どこで買うのか　　　　etc
Channel チャネル	・誰をメンバーにするか ・メンバーのニーズは何か ・メンバーの売上目標達成度　etc
Competition 競争	・競争相手は誰か ・どのような戦略か ・彼らの目的は何か　　　etc
Company 企業	・自社の売り上げはどうか ・マーケット・シェアは何%か ・技術的に優れているところ 　はどこか　　　　　　　etc

30 リーチとリッチネス
媒体の到達範囲と充実度

> 情報の到達範囲のことをリーチといいます。これが大きくなければ認知に結びつきませんが、大きくても情報内容が一般的なものだと興味を示す人は少なくなります。個人の情報ニーズの充実度のことをリッチネスといいます。

　テレビ、ラジオ、新聞、雑誌などのいわゆるマスメディアは多くの人々に情報を届けることができます。テレビの視聴率では、関東地方だけでも1％が40万人に当たり、新聞の全国紙では発行部数が約1000万部というところもあります。

　しかし、老若男女、好みもいろいろで、かつての十人十色から現在では一人百色といわれるところまで多様化しています。マスメディアに多額の媒体使用料を支払っても、その情報が有効に機能するのはごく一部の人だけになってしまいます。これでは、費用対効果はあまり期待できません。

　これに対し、セールス・パーソンによる人的販売活動は個々の消費者と対面し、彼らの好みや疑問を聞き、その反応をみながら対応できるため、個人にフィットするようにカスタマイズした情報を提供することができます。このような個人ベースでの情報の充実度のことをリッチネスといいます。

　これまでリーチを高めようとするとリッチネスが損なわれ、リッチネスを充実させようとするとコスト面からリーチが確保できないというトレード・オフ関係がありました。しかし、インターネット利用者が爆発的に増加し、マス・カスタマイゼーション（12参照）の技法が開発されてから、これまでは無理と思われてきたこのトレード・オフが解消されつつあります。

リーチとリッチネス

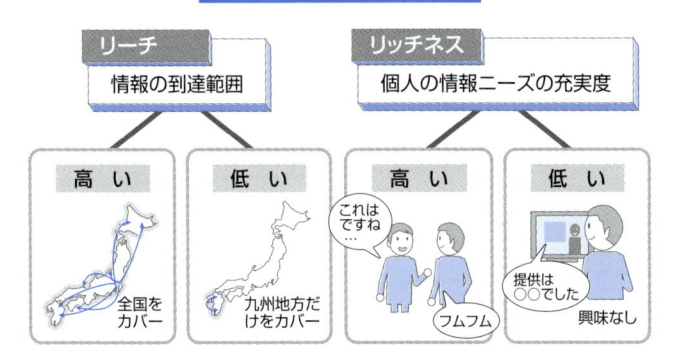

リーチ: 情報の到達範囲

- 高い: 全国をカバー
- 低い: 九州地方だけをカバー

リッチネス: 個人の情報ニーズの充実度

- 高い: これはですね… / フムフム
- 低い: 提供は○○でした / 興味なし

トレード・オフ関係

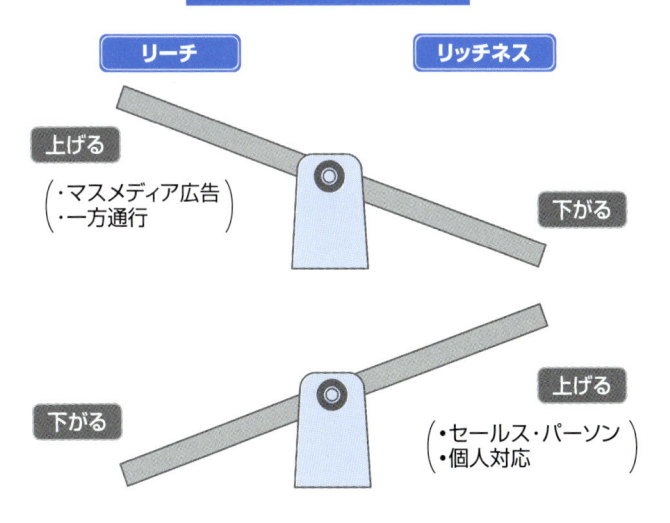

リーチ ― 上げる
- ・マスメディア広告
- ・一方通行

リッチネス ― 下がる

リーチ ― 下がる

リッチネス ― 上げる
- ・セールス・パーソン
- ・個人対応

コストの制約からリーチを高めるとリッチネスは下がり、リッチネスを高めるとリーチが下がる。

31 データ・マイニング
データの有効活用による法則性の発見

> 企業経営においてデータの有効活用は不可欠のことです。大量に収集されたデータを仮説を立て、分析・検証することによって現象間のさまざまな相関関係を発見する方法をデータ・マイニングといいます。

マイニング（mining）とは採掘という意味です。データ・マイニングとは、金を発見するように、大規模なデータ・ウェアハウスの山の中から企業経営に有効なデータ間の相関関係を導き出すための手法やソフトのことを指します。

ウォルマートの事例が代表的で、しばしば引用されます。同社では紙オムツと缶ビールの売り上げに相関があることを発見しました。赤ちゃんが生まれたばかりの家庭では、夫が買い物に来ている場合が多く、オムツとビールの併買現象があったのです。

POSデータの充実と活用により、今日ではどのような時間にはどのようなタイプの消費者がどのような商品を購買するのかということを詳細に分析できるようになりました。これは大量データの入手、高性能のコンピュータ、多変量解析を行うためのアルゴリズムやソフトの開発のおかげです。

しかし、企業が戦略に生かせる相関性を発見するためには、まず実務に相当明るく、実際に起こりうる仮説の構築ができなければなりません。また、アウトプットとして出てきた分析結果をきちんと読んで、それを戦略へと翻訳できなければなりません。そのために、データ・マイニングの活用にはかなりのスキルの習熟が必要となるでしょう。

マイニングとデータ・マイニング

マイニング(採掘)

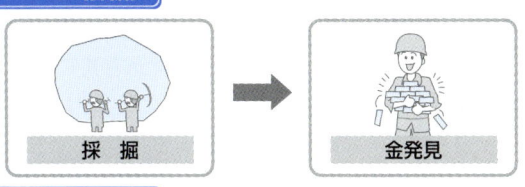

採掘 → 金発見

データ・マイニング

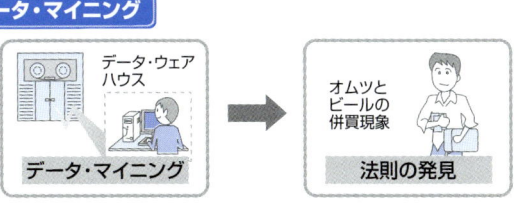

データ・マイニング(データ・ウェアハウス) → 法則の発見(オムツとビールの併買現象)

データ・マイニングの実行の条件

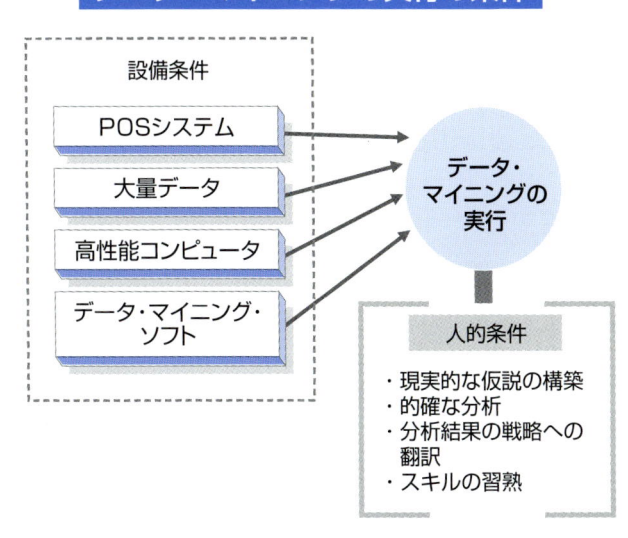

設備条件
- POSシステム
- 大量データ
- 高性能コンピュータ
- データ・マイニング・ソフト

→ データ・マイニングの実行

人的条件
・現実的な仮説の構築
・的確な分析
・分析結果の戦略への翻訳
・スキルの習熟

32 データベース・マーケティング
データに基づく個別対応戦略

> インターネットの普及、マーケティング・リサーチ技法の高度化などを背景に、データの収集・分析が容易になりました。これを活用した顧客の個別ニーズにかなう需要創造活動をデータベース・マーケティングといいます。

　伝統的にデータベース・マーケティングを実践してきたところは通信販売業界です。コストのかかるカタログを誰に送付すればいいのかということについてデータに基づいて研究し、苦心してきました。

　伝統的なデータベース・マーケティングでは、実践に当たりRFM分析というものを用います。R（Recency 最終購買日）、F（Frequency 購入頻度）、M（Monetary 購入金額）を基準にしてランク分けしたりポイント化したりすることにより、優良顧客を識別しようというのです。たとえば、最終購買日が近く、購入頻度が高く、購入金額が高い人を優良顧客だと判断します。

　しかし、現在ではPOSデータや営業データ、ネットを通じて得られる諸データ、質的なクレーム・データなどを大量に格納できるデータ・ウェアハウスが構築されるようになりました。

　加えて、マーケティング・リサーチやデータ・マイニングの技法も高度化したことによって、いわゆる「個客対応」のインフラが整ってきています。

　そのため今日のデータベース・マーケティングは、これらのインフラを駆使し、優良顧客を識別し、彼ら個人の満足の最大化をもたらそうとする取り組みになったといえます。

RFM分析

最優良顧客層

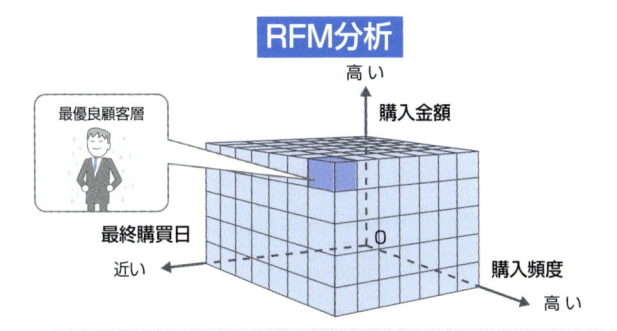

購入金額 高い
最終購買日 近い
購入頻度 高い

- 各軸を利用度に応じて5段階等に分ける。
- 最終購買日が近いほどランクは高くなる。
- 同じく購入頻度が高いほど、購入金額が高いほど、ランクは高くなる。
- 濃い青で示したところが最優良顧客層になる。

データベース・マーケティングの仕組み

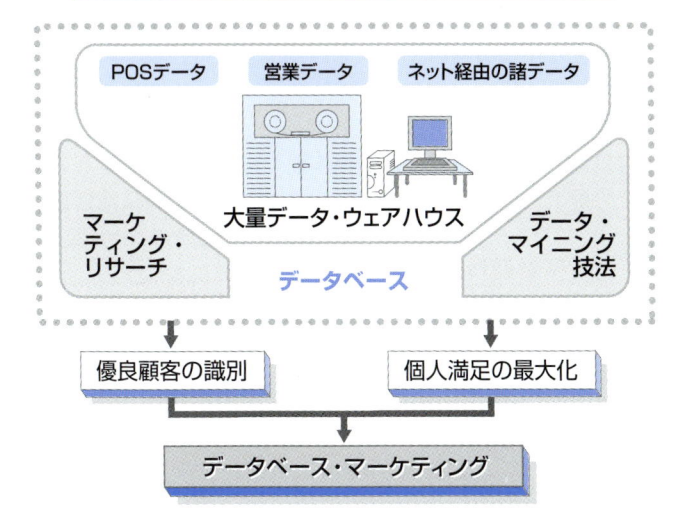

POSデータ　営業データ　ネット経由の諸データ

マーケティング・リサーチ　大量データ・ウェアハウス　データ・マイニング技法

データベース

→ 優良顧客の識別　個人満足の最大化

→ データベース・マーケティング

33 テスト・マーケティング
失敗回避のためのトライアル

> 新製品の市場化のためには研究開発、販売促進など多額のコストがかかります。失敗して大損害を被るリスクを回避するため、市場化の前に限定された場所で行う試し販売のことをテスト・マーケティングといいます。

新製品は企業にとって血と汗の結晶であり、さまざまな思い入れがあります。しかし、実際にそれが売れるか売れないかは市場の判断に委ねられており、一種の賭けといえます。

企業内では新製品についての試用は多頻度に行われますが、実際の消費者のニーズにマッチしているかどうかは予測の域でしかありません。また、消費者の多様な利用法をすべて想定することはできず、市場化後に不備が見つかることもあります。全国販売した後でこのような事態になると、回収、賠償などの負担が発生し、企業の信頼性も低下します。

この種の不確実性のリスクを回避するため、とくに米国企業は頻繁に市場でのトライアルを行います。かつてわが国でこれが実施される場所は静岡県でした。ここは所得も日本の平均値に近く、地理的にも東西南北のほぼ中央にあるということで選ばれています。しかし現在では流行の発信地は東京であり、ここでヒットすると全国への普及度が高いので、テストの地は東京に移っています。

ただし、テスト・マーケティングには時間と場所が必要で、悠長に行っているとタイミングを逃したり、競合企業から察知されたり、コストがかさんだりというデメリットがあります。時間、場所、コストを考えた的確な実施が不可欠です。

テスト・マーケティング実施の理由

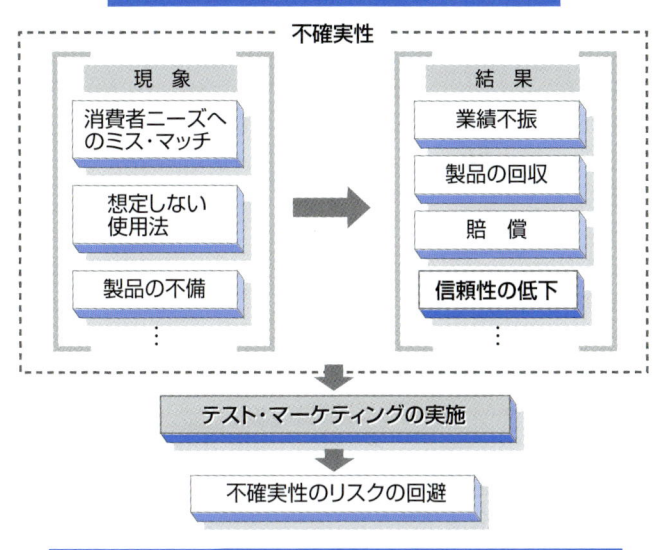

不確実性

現象		結果
消費者ニーズへのミス・マッチ	→	業績不振
想定しない使用法		製品の回収
製品の不備		賠償
⋮		**信頼性の低下**
		⋮

↓

テスト・マーケティングの実施

↓

不確実性のリスクの回避

テスト・マーケティングのメリット・デメリット

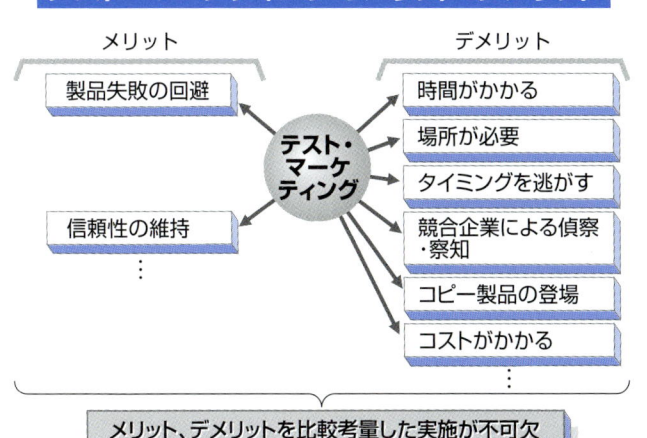

メリット
- 製品失敗の回避
- 信頼性の維持
- ⋮

テスト・マーケティング

デメリット
- 時間がかかる
- 場所が必要
- タイミングを逃がす
- 競合企業による偵察・察知
- コピー製品の登場
- コストがかかる
- ⋮

メリット、デメリットを比較考量した実施が不可欠

34 情報のアウトソーシング・ビジネス
ネットワークで面倒な手間を代行

> 企業は今日、インターネットを通じて、さまざまな人や企業とネットワークで結ばれています。これを活用し、企業の諸活動を代行してもらうことによって、迅速、低ロス、低コストを実現するのがアウトソーシング・ビジネスです。

　高度情報化社会の進展により、顧客管理、受発注の代行、在庫管理、請求書の発行、諸種の情報発信などをサービス事業として提供するアウトソーシング企業が登場してきました。米国 HP は2008年に、情報アウトソーシング企業である EDS を買収し、HP エンタープライズサービスを立ち上げました。同社では業務の1つとして、企業、公共団体などと、サプライヤーをビジネス・パートナー（会員）として、受注、取引決済などの業務の代行サービスを行っています。

　これは、ネットワーク上で処理できる取引流通、物的流通、マネーフロー、情報流通を統合化し、情報提供から販売、決済に至るまで、トータルのビジネス・プロセスを仲介するものです。

　また近年、ASP（Application Service Provider）という多様なアプリケーションソフトの機能をインターネット経由で提供する事業者も登場しています。彼らにより、パソコンとインターネット環境さえあれば、常時最新のソフトを提供され、面倒なデータ保管・管理を代行してもらえるクラウドコンピューティングというアウトソーシング・ビジネスも活況を呈しています。ネットワーク化と専門化、分業化が進むことによって、新たに登場したアウトソーシング・ビジネスといえます。

主な情報のアウトソーシング・ビジネス

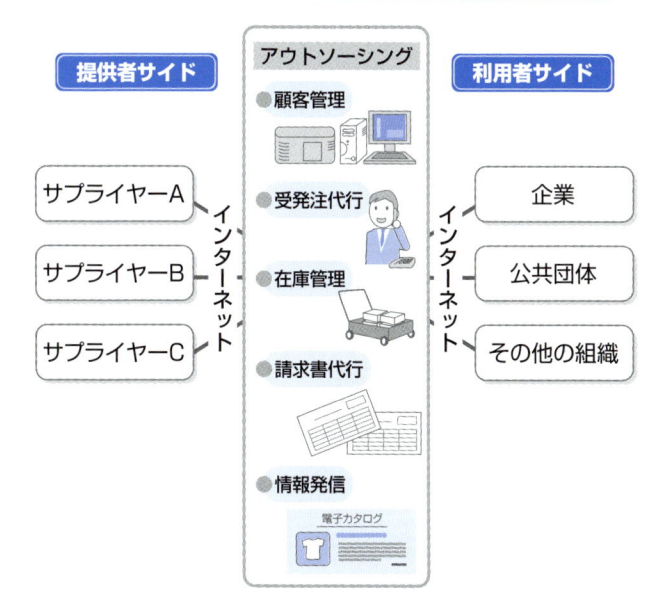

提供者サイド — インターネット — **アウトソーシング**
- 顧客管理
- 受発注代行
- 在庫管理
- 請求書代行
- 情報発信（電子カタログ）

インターネット — **利用者サイド**

提供者サイド：
- サプライヤーA
- サプライヤーB
- サプライヤーC

利用者サイド：
- 企業
- 公共団体
- その他の組織

アウトソーシング・ビジネスとしてのクラウド

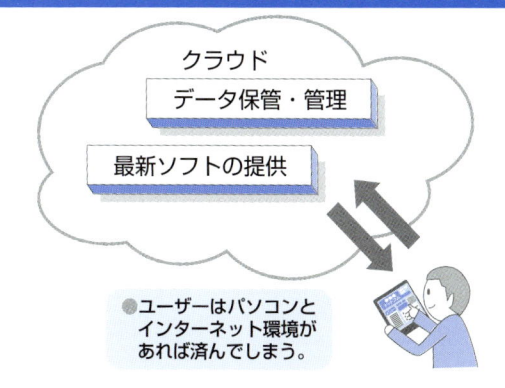

クラウド
- データ保管・管理
- 最新ソフトの提供

● ユーザーはパソコンとインターネット環境があれば済んでしまう。

35 ポータル・サイト
インターネットの表玄関

> ポータル（portal）とは「表玄関」「正門」という意味です。ユーザーがインターネットを利用する際に最初にアクセスする入口となるサイトのことをポータル・サイトといいます。

ポータル・サイトは、検索系ではYahoo!、Google、infoseekなどが有名です。直接キーワードをインプットして検索することもできますし、芸術、文化、経済、政治、医学などジャンル分けされた階層構造をたぐっていって必要なコンテンツにたどり着くこともできます。これは、大分類から中分類、小分類、細分類へと入れ子構造をたぐっていくようなスタイルのためディレクトリ方式ともいわれます。

このほかにブラウザ系があります。たとえばインターネット・エクスプローラーを起動するとマイクロソフトのホームページが開くように初期設定されています。ユーザーがその設定を変更しなければ、それがポータル・サイトになります。

しかし、通常のナビゲーションの際に、ポータルになるのは、ディレクトリ系のサイトです。日本で最も有名なYahoo! JAPANではショッピング、ニュース、スポーツ、テレビ、音楽、映画、コミュニティ機能としての掲示板やチャット、ドメイン取得、求人情報、ウェブメールなど多彩なメニューが用意されています。ポータル・サイトとして設定してくれるユーザーの数が増えると、そのヒット数の多さに引かれて広告収入が増大するので、各社はポータル・サイトの座をめぐって激しい争いをしています。

ポータル・サイト

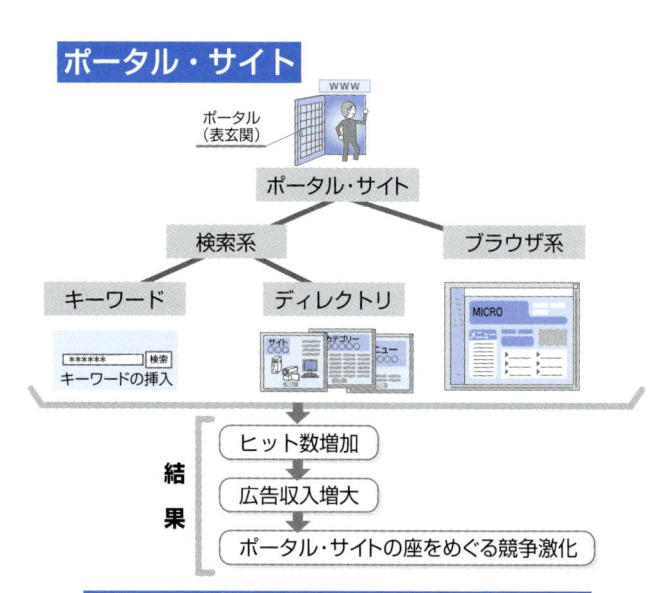

```
                    WWW
         ポータル
         (表玄関)
              │
         ポータル・サイト
          ┌────┴────┐
        検索系      ブラウザ系
       ┌──┴──┐
    キーワード  ディレクトリ
```

キーワードの挿入

結果
- ヒット数増加
- 広告収入増大
- ポータル・サイトの座をめぐる競争激化

検索系ポータル・サイトのメニュー例

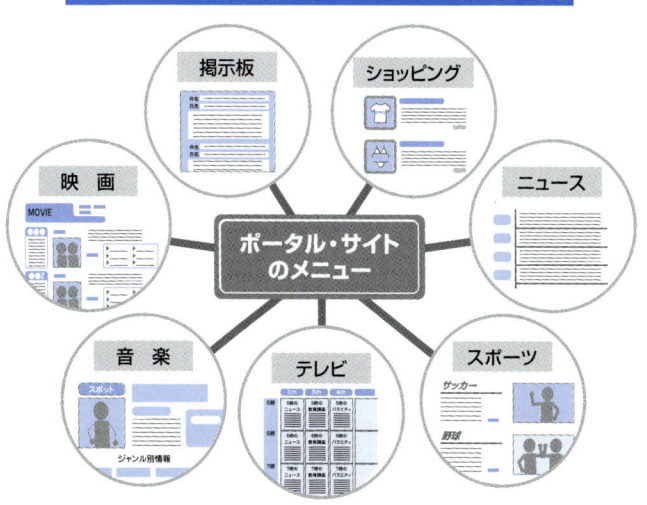

ポータル・サイトのメニュー
- 掲示板
- ショッピング
- ニュース
- スポーツ（サッカー／野球）
- テレビ
- 音楽（ジャンル別情報）
- 映画

Coffee Break
情報武装化する図書館

　スタンフォード大学で客員研究員として過ごした時に、図書館の徹底した情報武装化に感心しました。この大学には30以上の図書館がありましたが、そのどこにも情報端末が設置されていて、エレクトロニック・ジャーナルや、統計や報告書などのデータベースに直接アクセスできました。

　とりわけ、筆者は、エレクトロニック・ジャーナルを頻繁に利用していました。必要な専門誌や新聞などのコンテンツは、ほぼ網羅的に電子化されていたので、キーワードで検索し、容易にダウンロードできました。無論、その場で読むことができますし、読み切れない場合には文書データをフラッシュメモリーに落とし、どこでも読むことができました。

　専門誌や統計データなどは、ほぼすべてこの方法で入手できましたので、わざわざ書棚から分厚い書籍を引っ張り出してきて、必要なページを探し出し、該当箇所のコピーをとるといった原始的なやり方をとらずに済みました。

　情報武装という意味で、特に興味深いと思ったのが相場のリアルタイム情報でした。Jackson Library というビジネススクールの図書館には、ディーリング・ルームのように作られた部屋があって、壁面上方に大型ディスプレイが据えられており、CNN ニュース、ウォールストリート情報、ダウ、ナスダックなどの相場情報が四六時中流れていました。

　また、ブルームバーグと直結した専用の端末があり、たとえば、エマージング・マーケット（新興市場）に関してなら、各国の負債比率やカントリーリスクを示すデータ、そして投資の的確性を判断するための統計解析が行えるようになっていました。これぞ無敵の情報武装と感激した図書館でした。

第 IV 章

強いブランドを作る

36 ブランド戦略
商標化の対応策

> 製品の商標および物的特性は、メーカーと最終消費者のかなり中核となるインターフェイスです。この重要な接点での商標の普及、展開、維持に関わる企業の創造的対策のことをブランド戦略といいます。

ブランド戦略にはさまざまな分類がありますが、ブランド・エクイティ(37参照)の概念を考案したデイビッド・A・アーカーはブランドで戦略的に成功するためにはレバレッジ効果（てこの働き）が必要だとし、次のような展開を提案しています。

①**製品ライン拡張** 既存ブランドと同じ製品クラス内で新バージョンを創出すること。新しい風味、新しいパッケージ、新しいサイズなどによる製品ラインの拡張です。

②**ブランドの下方伸張** 消費者のリーズナブルな志向に合わせるように、受け入れ可能な品質と特徴を備えた普及版の製品を提供することです。

③**ブランドの上方伸張** 企業の状況によっては、より高いクラスの製品を出すことによって利益を得ることができます。たとえば、ハイクラスのプレミアムコーヒーや高級車を展開するというものです。

④**ブランド拡張** 既存のブランドを使って別の製品カテゴリーに参入し、優位性を得ようとするものです。これは既存ブランドの連想や認知度を高め、補強する効果があります。

⑤**提携ブランド** ある企業が別の企業と提携することにより、ほとんどリスクを伴わず、異なった製品クラスへ参入することができます。

ブランドのレバレッジ効果

――― 成功するブランド戦略 ―――
（デイビッド・A・アーカー）

製品ライン拡張

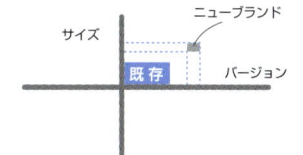

サイズ／既存／バージョン／ニューブランド

新しい風味、新しいパッケージ、新しいサイズのブランドを出す。

ブランドの下方伸張

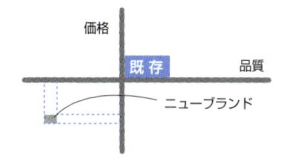

価格／既存／品質／ニューブランド

リーズナブルな価格、リーズナブルな品質のブランドを出す。

ブランドの上方伸張

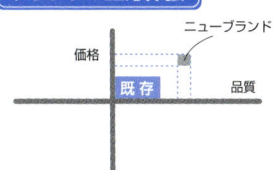

価格／既存／品質／ニューブランド

ハイクラスのブランドを出す。

ブランド拡張

既存製品カテゴリー → 新製品カテゴリー

芝刈機の小型エンジンを自動車に用いる。

提携ブランド

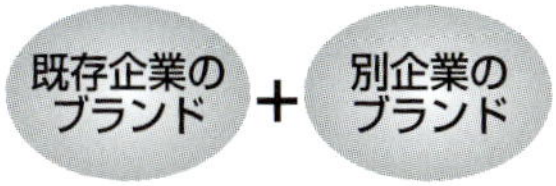

既存企業のブランド ＋ 別企業のブランド

AT＆Tユニバーサルカードのように2社のブランドを結合する。

37 ブランド・エクイティ
製品の資産価値

> 企業間での買収や合併が盛んになるにつれて、企業が所有する工場や不動産のほかに無形のブランドが高額な売買の対象となってきました。ブランド自体が内包する資産価値のことをブランド・エクイティといいます。

ブランド・エクイティという概念は、デイビッド・A・アーカーが1991年に *Managing Brand Equity*（ブランド・エクイティ戦略）という著書で発表しました。これは「ブランドの名前やシンボルと結びついた資産および負債の集合」と規定されています。

当初、彼はブランド資産を構成する要素としてブランド認知、知覚品質、ブランド・ロイヤルティ、ブランドの連想、他の所有権のあるブランド資産（パテント、トレードマーク、チャネル関係など）の5つを挙げていましたが、主要なものは前の4つです。

これらの要素について簡単に紹介しましょう。

ブランド認知とは、消費者が当該ブランドについてどの程度知っているかです。

知覚品質とは、詳細な仕様についての知識はなくとも素人のレベルで判断できる製品の良し悪しの水準です。

ブランド・ロイヤルティとは、あるブランドが継続的に買われ続ける状態のことです。

ブランド連想とは、そのブランドネームを見聞きした時に思い浮かぶイメージです。

これらの要素の水準が高いブランドは資産価値が高く、より多くのキャッシュフローを生む可能性があります。

ブランドの資産価値

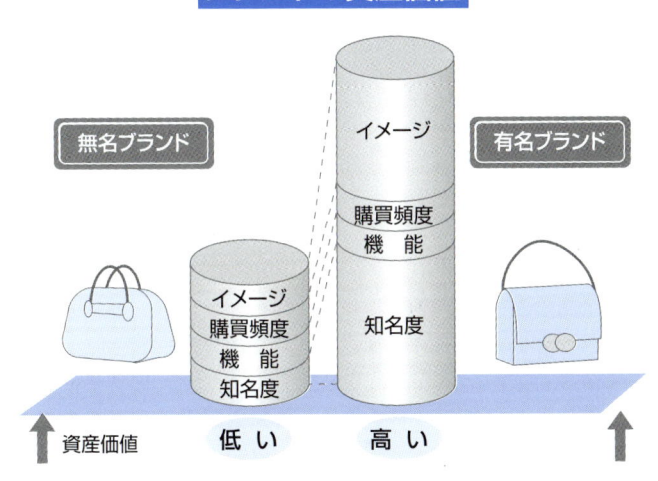

- 無名ブランド
  - イメージ
  - 購買頻度
  - 機能
  - 知名度
- 有名ブランド
  - イメージ
  - 購買頻度
  - 機能
  - 知名度

↑資産価値　低い　高い

ブランド・エクイティ

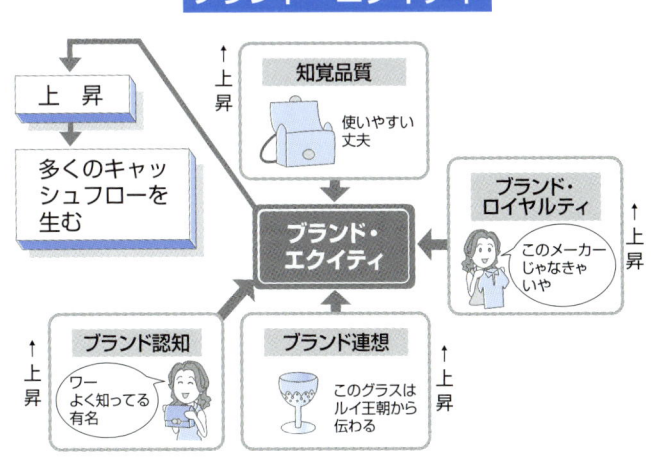

- 知覚品質（↑上昇）：使いやすい　丈夫
- ブランド・ロイヤルティ（↑上昇）：このメーカーじゃなきゃいや
- ブランド認知（↑上昇）：ワーよく知ってる有名
- ブランド連想（↑上昇）：このグラスはルイ王朝から伝わる

→ ブランド・エクイティ 上昇 → 多くのキャッシュフローを生む

38 ブランド会計
無形資産の計上

> マーケティング分野のブランド・エクイティの議論と同様に、会計の分野でもブランドに資産的価値を認め、それを貸借対照表上に盛り込もうという考え方や試みがあります。これがブランド会計です。

　英国のコンサルティング企業インターブランド社は、世界中の企業のブランド価値のランキングを公表しています。これをみると、コカ・コーラ、マイクロソフト、IBM、GEなど米国の企業が上位を占めています。日本でも経済産業省が2001年7月からブランド価値評価研究会を設け、ブランド価値の客観的な評価を行うための方法論を検討しています。

　会計の分野でも、サービス経済化の大きな流れと知的無形資産のウエイトの増大に伴って、ブランドを資産として貸借対照表に計上できるかどうかという議論が高まってきました。

　1988年には、英国で先進的かつ衝撃的な事例が登場しました。食品メーカーのランクス・フォービス・マクドゥーガルが自社のブランド資産を6億7800万ポンドと見積もり、貸借対照表に計上したのです。

　しかし、これは大きな論争を呼びました。通常、買収ブランドは取得原価が明瞭なため資産性がありますが、自己創設ブランドの場合は自らの自助努力によって作り出したものなので資産性が計りにくく、貸借対照表への計上は困難だったからです。

　ただし自己創設ブランドにも資産価値があるのは確実で、そのための考え方、価値評価の方法について研究が進められています。

インターブランド社のブランド価値評価の方法

ブランド価値 = ブランド利益 × 利益倍数

ブランド利益 = 過去3年の税引後利益の加重平均

1. ブランド・パワーの源泉である次の7つの要素をスコア化する。
   - ①リーダーシップ：市場でのブランドのポジションを評価
   - ②安定度：市場においてどれだけの期間定着しているかを評価
   - ③市場：ブランドが属する市場の評価
   - ④国際性：海外展開の可能性の評価
   - ⑤トレンド：ブランドの現在および将来の方向性の評価
   - ⑥サポート：ブランドの成果を高めるための支援の評価
   - ⑦保護：法的保護体制の評価

2. これらのスコアを合計し、ブランド・パワーを算出する。

3. 同社の導いたS字曲線にブランド・パワーのスコアを当てはめ、利益倍数を出す。

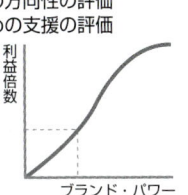

資産計上の問題

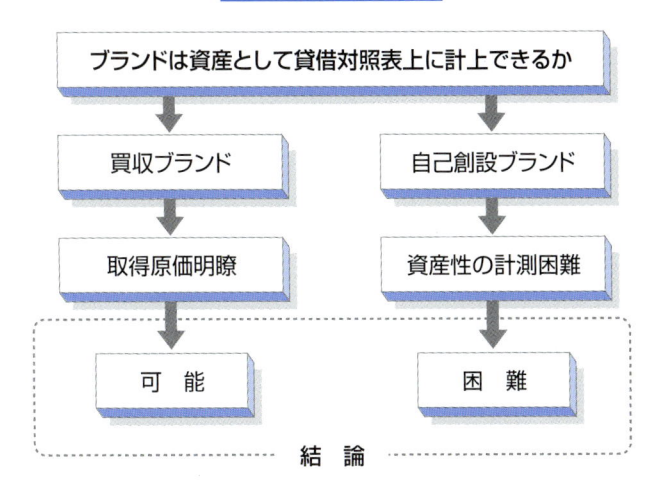

ブランドは資産として貸借対照表上に計上できるか

- 買収ブランド → 取得原価明瞭 → **可能**
- 自己創設ブランド → 資産性の計測困難 → **困難**

結論

39 トップブランド
最も売れる商標

> 企業や製品の区別性を高め、独自の付加価値を創造するためにブランド化は不可欠です。それに成功し、高い名声と業界ナンバーワンの実績を上げたブランドがトップブランドです。

　ブランドが消費者に強く支持され、トップの座につくのは並大抵のことではありません。トップに立ったブランドはさまざまな特性を持っていますが、次の2つに大別できます。
　まず優れた知覚品質です。消費者のニーズにかなう高いクオリティや機能性を有することが重要になります。そして、そのインフラの上にプラスされるべきものが高い情緒性です。長期間、トップの座にあるブランドはその長い歴史の過程で数々の伝説や逸話を生んでいます。それが、消費者にとって心理面での高いステータスや信頼性に結びつくのです。
　ただしこの甘美な地位も不断の努力がなければ維持することはできません。『ブランド戦国時代』の著者、デイビッド・F・ダレッサンドロによれば、100年かけて築いたブランドもスキャンダルのために30日で台無しになることがあるといいます。トップの地位につくと特別何の問題がないにもかかわらず、否定的な噂が流される可能性が高くなります。
　企業はこのようなメカニズムを理解し、自社のトップブランドを防衛するために的確な対応をとる必要があります。マスコミにスキャンダルを報道されてから事後の対応をとるのではなく、評判の良い時から常時アンテナを伸ばし、スキャンダルへの予防措置をとっておく必要があるのです。

トップブランドの意味

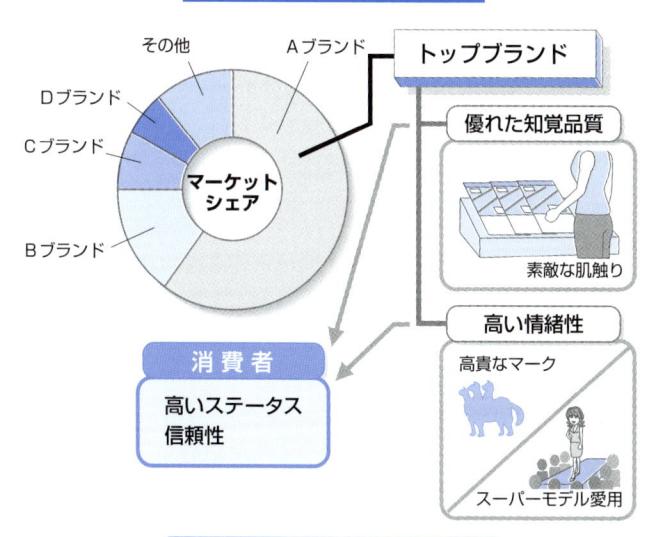

- マーケットシェア
  - Aブランド
  - その他
  - Dブランド
  - Cブランド
  - Bブランド

- トップブランド
  - 優れた知覚品質
    - 素敵な肌触り
  - 高い情緒性
    - 高貴なマーク
    - スーパーモデル愛用

消費者
高いステータス
信頼性

トップブランドのリスク

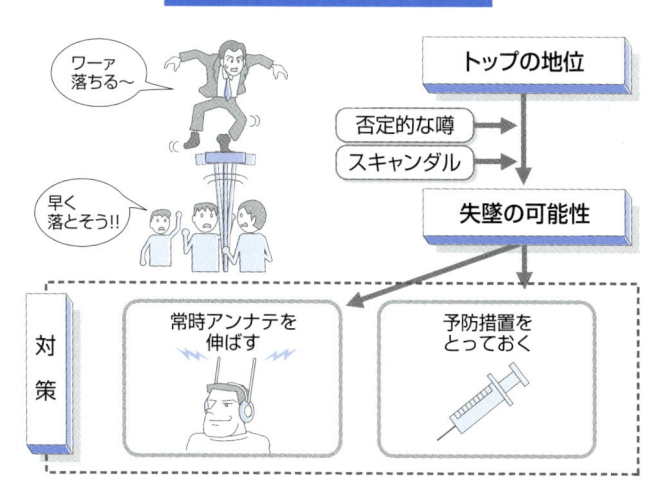

ワーァ落ちる〜

早く落とそう!!

- トップの地位
  - 否定的な噂
  - スキャンダル
- 失墜の可能性

対策
- 常時アンナテを伸ばす
- 予防措置をとっておく

40 コーポレート・ブランド
購買へと誘う企業名

> われわれは製品を購買する際に、どこのメーカーが作っているのかを確認することがしばしばあります。人々が企業名を見聞きした際に抱く区別的イメージのことをコーポレート・ブランドといいます。

技術水準が高度化し、競争が激化することによって製品の物的な機能のキャッチアップはスピーディーになされるようになりました。ヒットしたり、その兆しがある製品はすぐに追従され、模倣品が出てくるのです。

しかし、物的機能とは異なり、イメージ面でのキャッチアップは困難で、これは区別化の貴重な手段となります。企業は、製品、広告、PR活動、IR活動、従業員の対応などを通じて総合的に自社のイメージをアピールします。企業名自体がステークホルダーに対して独自のイメージを醸成し、区別化のための手段となるのです。

日本人はとくに横並び意識が強く、長期的な信頼性を重視しますから、プロダクト・ブランドよりもコーポレート・ブランドを製品の選好基準にする傾向が強くなります。

企業もコーポレート・ブランドを強化すれば、プロダクト・ブランドごとのプロモーション・コストをさほどかけずに済みます。このため、こちらに力を入れることになります。

また、コーポレート・ブランドを高めることで、企業価値が高まるので、新規の株主を獲得したり、従業員にも誇りや自信が増し、愛社精神を高めたりすることができるのです。

コーポレート・ブランドの形成プロセス

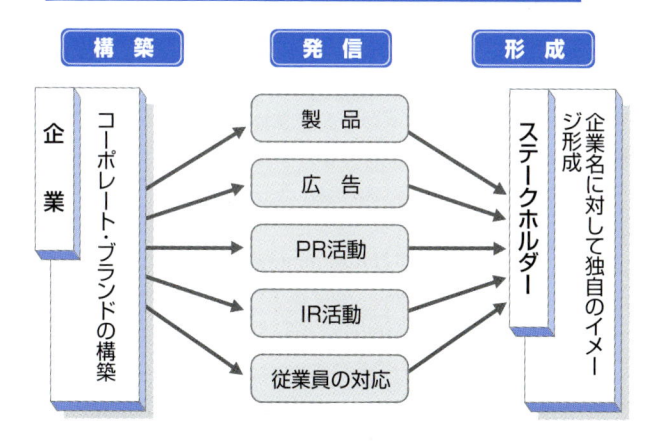

```
  構 築         発 信          形 成

             ┌─→  製 品  ─┐
             │             │
  企  コ     ├─→  広 告  ─┤   ス  企  ジ
  業  │     │             │   テ  業  形
      ポ     ├─→ PR活動 ─┤   ー  名  成
      レ     │             │   ク  に
      ー     ├─→ IR活動 ─┤   ホ  対
      ト     │             │   ル  し
      ・     └─→ 従業員の対応 ┘  ダ  て
      ブ                         ー  独
      ラ                             自
      ン                             の
      ド                             イ
      の                             メ
      構                             ー
      築
```

コーポレート・ブランド強化の理由

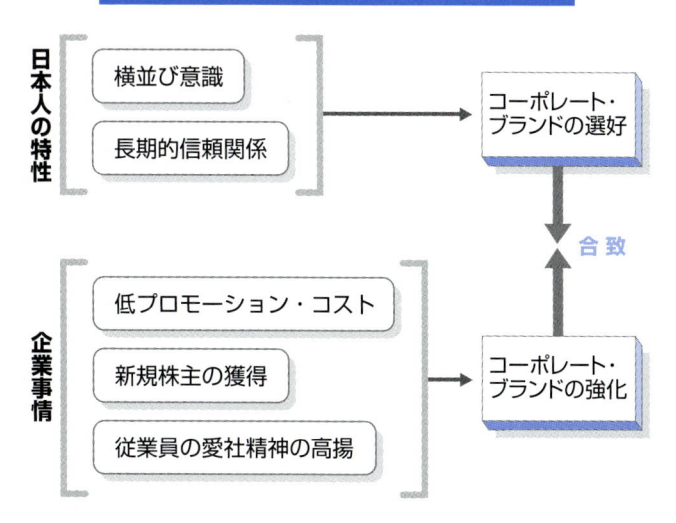

```
日             ┌ 横並び意識 ┐
本             │            │──→ コーポレート・
人             │            │     ブランドの選好
の             └ 長期的信頼関係 ┘
特                                      ↑
性                                    合 致
                                        ↓
企  ┌ 低プロモーション・コスト ┐
業  │                          │
事  ├ 新規株主の獲得           │──→ コーポレート・
情  │                          │     ブランドの強化
    └ 従業員の愛社精神の高揚  ┘
```

41 ストア・ブランド
小売企業独自の商標

> 小売店は他店との競争が激しくなると価格や品質面で独自性を出そうとします。個々の小売企業独自のブランドネーム、ロゴ、パッケージなどを付与し、当該小売企業だけで取り扱う商品をストア・ブランド（SB）といいます。

　しばしばSBはプライベート・ブランド（PB）と同一視されますが、実態はPBの一部と考えられます。いわゆるPBは全国販売されるナショナル・ブランド（NB）の対概念で、チェーン小売業や百貨店が独自のネーム、マーク、品質水準、コンセプトなどを設定して販売する商品です。

　PBは、流通業者自身の商品開発への関与、オリジナリティの度合いなどによって、いくつかのパターンに分けられます。

　流通業者が独自に仕様書を作成し、メーカーに生産を委託して作るオリジナリティの高いものがコアPBです。しかし、SBはこの範疇に入るものではなく、小売業者が独自の仕様書に基づいてメーカーに作らせるものではありません。メーカーが通常販売するNBにストア独自のブランドネーム、ロゴ、パッケージなどを付与したものです。簡単にいえば、中身は一緒で外観だけそのストア独自のモノという見せ方をする商品です。

　SBは発注数量がまとまれば、低コストで仕入れできるので、消費者に低価格で商品を提供することができます。メーカーも売上増を実現でき、外観が変更されているため低価格で販売されてもNBのイメージ低下を避けることができます。

PBとストア・ブランド

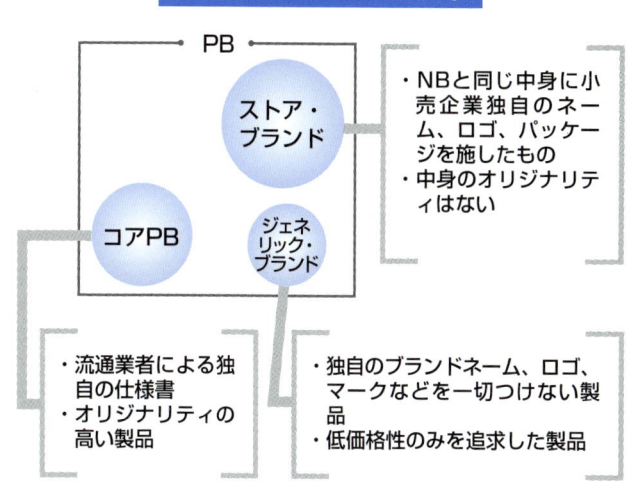

PB

- ストア・ブランド
  - ・NBと同じ中身に小売企業独自のネーム、ロゴ、パッケージを施したもの
  - ・中身のオリジナリティはない

- コアPB
  - ・流通業者による独自の仕様書
  - ・オリジナリティの高い製品

- ジェネリック・ブランド
  - ・独自のブランドネーム、ロゴ、マークなどを一切つけない製品
  - ・低価格性のみを追求した製品

ストア・ブランドの事業者メリット

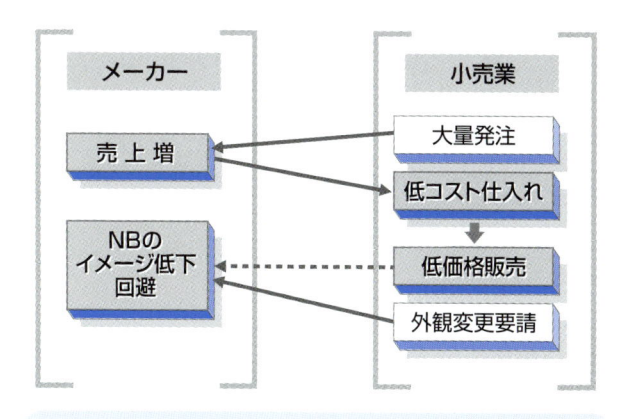

メーカー
- 売上増
- NBのイメージ低下回避

小売業
- 大量発注
- 低コスト仕入れ
- 低価格販売
- 外観変更要請

メーカーと小売業の双方に事業者メリットが生まれる。

42 ジェネリック・ブランド
商標を表示しない商品

> 徹底的に低価格が追求される商品の場合、ブランドネーム、ロゴ、マークなど何もつけない小売業のオリジナルの商品が店頭に並ぶことがあります。このような商品をジェネリック・ブランドといいます。

ジェネリック（generic）とは生物学の分類上、「属」という意味で、包括性、一般性を表しています。ジェネリック・ブランドとは、独自のブランドネーム、ロゴ、マークなどを一切付与することなく極めてシンプルな包装で、しょうゆ、粉石けんなどの普通名詞で販売されるオリジナル商品です。

この商品形態は、フランスのカルフールが1976年に初めて開発したもので、プライベート・ブランドを低価格方向へ向けた究極の姿といえます。ジェネリック・ブランドは別名ノーブランドといわれるように一切の飾りや情緒性がなく、商品品質も大衆向けとなります。

日本より明瞭な階層社会である欧州や米国では普及している商品ですが、日本ではごく小規模なマーケットを形成しているに過ぎません。厳密ではありませんが、良品計画の「無印良品」がこれに当たるといわれることがあります。

わが国でこの種の商品がさほど普及しない理由は、徹底的に低価格にこだわり、そのためには品質が損なわれてもいいと考える人が少ないからです。

流通業者が独自に設定するストア・ブランドは次第に認知を得て、購買層が増えてきていますが、品質や情緒性に欠けるジェネリック・ブランドにはさほど熱い期待が寄せられているとはいえないでしょう。

ブランド特性比較

	ナショナル・ブランド	コア・プライベート・ブランド	ストア・ブランド	ジェネリック・ブランド
ブランドネーム	○	○	○	×
ロゴ	○	○	○	×
マーク	○	○	○	×
オリジナリティ（品質）	○	○	×	×
装飾性	○	○	○	×
広告	○	△	×	×

- ○印は「あり」または「行う」を表す。
- ×印は「なし」または「行わない」を表す。
- △印は「多少行う」を表す。

国民性とジェネリック・ブランド

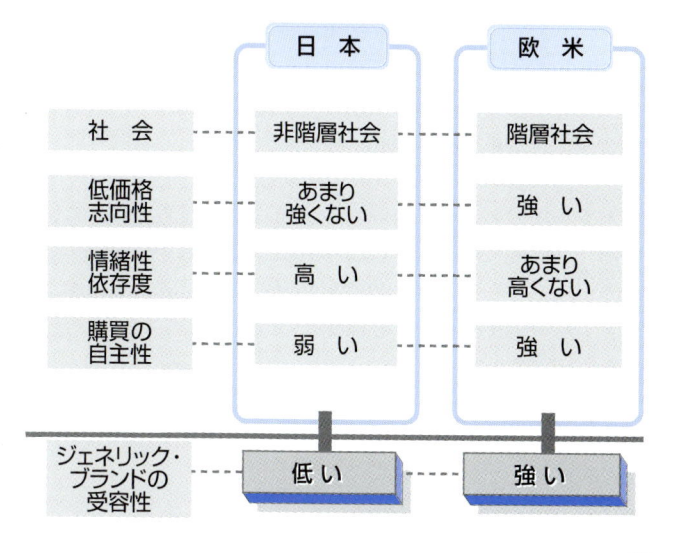

	日本	欧米
社会	非階層社会	階層社会
低価格志向性	あまり強くない	強い
情緒性依存度	高い	あまり高くない
購買の自主性	弱い	強い
ジェネリック・ブランドの受容性	低い	強い

43 ブランド・マネジャー
商標別のトータル管理

> 組織は効率的・効果的な運営が常に求められます。その実現のために製品別に開発、製造、プロモーションなどの企画を立案し、コントロールする管理者のことをブランド・マネジャーといいます。

　企業のスケールが大きくなり、多数のブランドを包含するようになると、機能別組織では管理しづらくなります。開発、製造、マーケティングなどの各部署の専門性、独立性が強くなり、相互の調整が行いにくくなるからです。

　そこでブランド別という縦割りのシステムを作り、各ブランドごとにアイデアの収集、選別、スクリーニング、経済性の評価、開発、マーケット・テスト、市場導入、製品改良、新用途の発見、廃棄に至るまでの計画を立案し、コントロールするほうが合理的になります。このような業務を遂行する管理者をブランド・マネジャーといいます。

　ブランド・マネジャー制は、消費財メーカーのP&Gで1930年代からすでにみられ、組織の効率的・効果的管理に有効性を発揮してきました。ただし、ブランド・マネジャーの業務は担当ブランドについての企画に重点があり、公式に指揮権、命令権、執行権などは有していません。それゆえブランド・マネジャーはあくまでも自分のブランドの成果向上のために交渉や説得という方法をとって立案した企画を実施していくのです。

　企業ではブランド・マネジャー制をとることによって組織内のブランド間競争が活発になり、トータルとしての業績を向上させることが可能になります。

ブランド・マネジャー制組織と効果

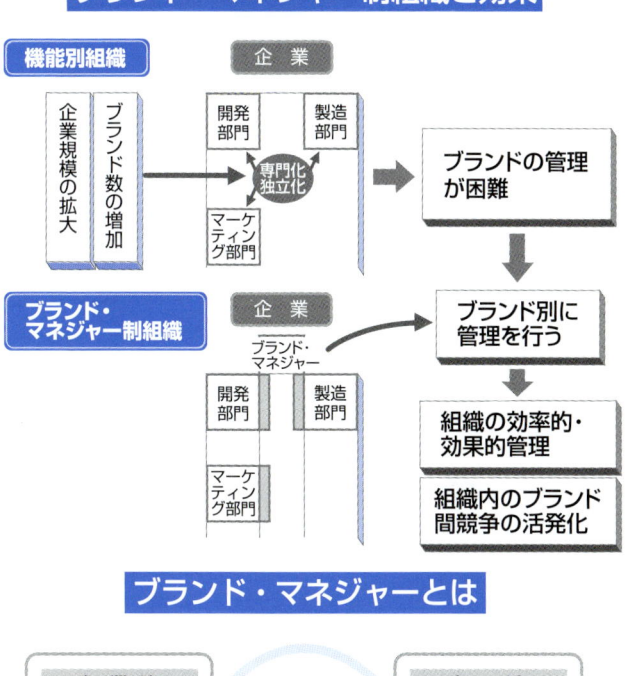

機能別組織

企業規模の拡大 / ブランド数の増加 → 企業[開発部門・製造部門・マーケティング部門]専門化・独立化 → ブランドの管理が困難

ブランド・マネジャー制組織

企業[ブランド・マネジャー / 開発部門・製造部門・マーケティング部門] → ブランド別に管理を行う → 組織の効率的・効果的管理 / 組織内のブランド間競争の活発化

ブランド・マネジャーとは

主業務
ブランドの企画

権限
公式の指揮権、命令権、執行権はもたない

ブランド・マネジャー

方法
ブランド成果向上のために、交渉・説得

Coffee Break 京都ブランド

　京都といえば、町全体が世界遺産に登録されるブランド・エリアです。このブランドを形成する要素はおびただしいほどありますが、なんと言っても筆頭に上げられるべきは歴史を具現化し、彩る寺社でしょう。

　たとえば、日野の法界寺。ここには平等院鳳凰堂と同時期の藤原時代に建造された国宝の阿弥陀堂があります。古色蒼然とした建造物、ふくよかで慈愛に満ちた丈六仏など1000年に及ぶ時を経た本物の歴史がそこにあるのです。それに多くの人は、直に触れられる感銘を受けるに違いありません。

　また、京都の優越性はその奥深さにあります。例えば蟹満寺。ここは市内ではなく、京都府相楽郡にある小さなお寺なのですが、本尊には国宝の釈迦如来像があります。これはなんと薬師寺の本尊よりも古く、1300年前の白鳳時代に製作されたといわれています。京都では中小の寺社にも「お宝」が数多く存在していて、その層の厚さに驚嘆させられます。

　もちろん京都は、寺社ばかりではありません。町並み、旅館、京料理、祭りなど何をとっても歴史性を感じさせるハード、ソフトの宝庫です。たとえば、湯豆腐で有名な南禅寺の三門に上ると、楼上から京都の美しい景観が眼下に広がります。まさに「絶景かな。絶景かな」とここで発した石川五右衛門と同じ景色を見、同じ気分を満喫できるのです。食事では南禅寺塔頭の聴松院を忘れることができません。ここは、湯豆腐料理屋の範疇に入るのでしょうが、不思議なことにのれんなどは出ておらず、商売気が微塵も感じられないのです。こうした毅然とした態度が利用者の本物志向をくすぐり、京都ブランドをさらに高めるのです。

第 V 章
サービスの生産性を上げる

44 サービスの類型
有益な無形活動の分類

> サービスはさまざまな基準に基づいて分類することができます。直接、人に向けたサービスであるのかモノに向けたサービスであるのか、個別的であるか標準的であるかに基づいて4つにカテゴライズすることができます。

それぞれのサービスの内容と代表例は次の通りです。

①パーソン・カスタマイズ・サービス　これは直接人に対して向けられるもので、個人のニーズに合わせてきめ細かく対応する有益な行為です。代表的な例としては医療、弁護、会計、理髪、コンサルティング、家庭教師などがあります。

②マテリアル・カスタマイズ・サービス　これは荷物や自動車のようなモノに対して向けられたサービスで、個々のユーザーのニーズに基づいて個別に提供する有益な行為です。これには主に宅配便、修理修繕、獣医、家事サービスなどがあります。

③パーソン・スタンダード・サービス　これは直接人を対象とするサービスですが、個別対応の程度は弱く、事業者が決めた標準的なサービスを提供するものです。大学や専門学校などの教育、ホテル、テーマパーク、レストラン、映画館、美術館などのレジャー、鉄道や航空などの輸送といったサービスなどがこれに当たります。

④マテリアル・スタンダード・サービス　これはモノを対象にした標準化されたサービスのことです。自動車を停車する駐車場、金銭を取り扱う銀行や保険などのサービスがこれに当たります。

サービス分類のいろいろ

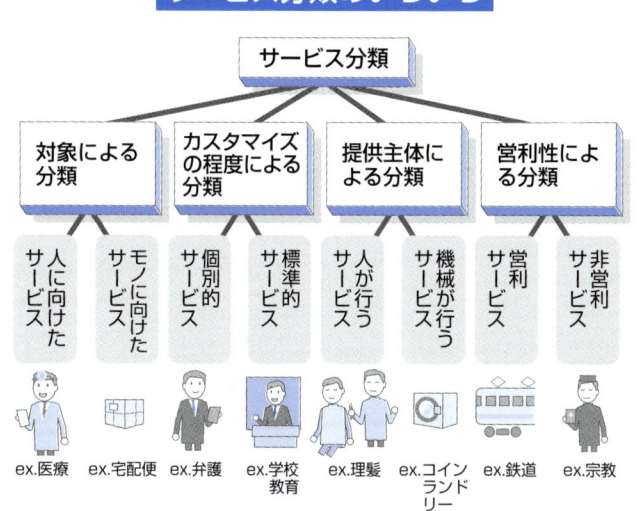

- サービス分類
  - 対象による分類
    - 人に向けたサービス (ex.医療)
    - モノに向けたサービス (ex.宅配便)
  - カスタマイズの程度による分類
    - 個別的サービス (ex.弁護)
    - 標準的サービス (ex.学校教育)
  - 提供主体による分類
    - 人が行うサービス (ex.理髪)
    - 機械が行うサービス (ex.コインランドリー)
  - 営利性による分類
    - 営利サービス (ex.鉄道)
    - 非営利サービス (ex.宗教)

サービスの分類例

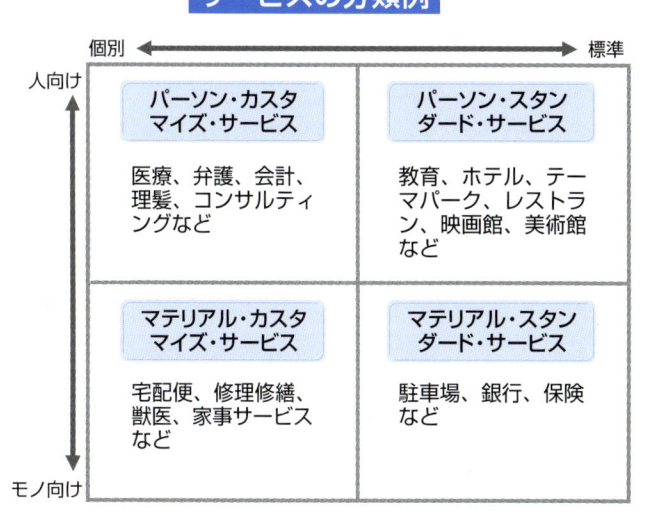

	個別 ←	→ 標準
人向け	**パーソン・カスタマイズ・サービス** 医療、弁護、会計、理髪、コンサルティングなど	**パーソン・スタンダード・サービス** 教育、ホテル、テーマパーク、レストラン、映画館、美術館など
モノ向け	**マテリアル・カスタマイズ・サービス** 宅配便、修理修繕、獣医、家事サービスなど	**マテリアル・スタンダード・サービス** 駐車場、銀行、保険など

45 サービス・パッケージ
トータルの提供物

> サービス製品の取引の際には、基本となるサービスのほかに付随サービスや物的製品が付与されていることがしばしばあります。これらを含めたトータルの提供物をサービス・パッケージといいます。

　航空会社を例にとると、基本的な航空サービスは、全く同じでありながらも、利用者には好きな航空会社とそうでない航空会社の違いが出ることがしばしばあります。

　価格が同一水準であってもこのような差が出るとするならば、それは基本サービス以外の点で違いがあるからです。たとえば座席が大きい、足回りが広い、カウンターの接客サービスや客室乗務員の応対が良い、搭乗便が多いなどです。

　このように消費者がサービス製品の良し悪しを判断する場合には、基本サービスだけでなく、それ以外の要素の組み合わせによるトータルの効用を評価しているのです。

　この概念に関し、初期にはJ・L・ショスタックがサービス・パッケージ・モデルとしてトータルの提供物で捉えるべきという考え方を提示しました。フィリップ・コトラーも製品の考え方として最も基本的なものを中核ベネフィットとし、それを層状に取り巻く付加的なサービス要素を明確にしています。

　実際、全く同じ製品に百貨店がディスカウントストアの1.5倍の値段をつけても売れるのは、プラス・アルファのサービスが評価されているからです。この概念は、基本サービスの洗練と同時に、付随するサービスや介在する有形物などで区別的な付加価値をつけねばならないことを示唆しています。

付加的要素の重要性

	A航空会社	B航空会社
基本サービス(X空港からY空港までのフライト)	同じ	同じ
航空運賃	同額	同額
売上高	高い	低い
A社が選ばれる理由(付加的要素)	座席が大きい	対応がよい

「この相違」

サービス・パッケージ(トータルの提供物)

理髪店の例

- 基本サービス → 理髪 ┐
- ＋
- 付加的サービス → 肩もみ ├ サービス ┐
- ＋
- ブランド → ストア・ブランド ┘ ├ 無形物
- ＋
- 設備 → イスの硬さ ┐ ┘
- ＋
- 物的提供物 → 飲み物 ┘ 有形物

＋)

サービス・パッケージ

無形物に加え、有形物を含めたトータルの提供物がサービス・パッケージである。

46 インターナル・マーケティング
内部顧客のモラール・アップ

> サービス業では人間が商品になっているため、感情をコントロールすることが重要になります。従業員を顧客の一部とみて、ニーズを満たし、好ましい行動を引き出そうとする活動がインターナル・マーケティングです。

最終顧客を対象に、彼らのニーズを充足し、購買を促進する活動がいわゆる「マーケティング」です。

とくにサービス業は従業員の直接的かつ個別の接客がメインです。従業員サイドのモラールが低く、顧客のニーズにかなわないような応対では、十分な成果を得ることはできません。またサービス業でなくとも、営業活動に携わる人々の熱意やモラールの水準は製品の売り上げに大きな影響を及ぼします。

そこで従業員自体を顧客と見立て、彼らのニーズを分析し、感情やモラールをコントロールすることにより最終顧客への良好な対応を図ろうという考え方が、インターナル・マーケティングです。

実際の活動は、サービスの質を向上させるための教育研修活動を行ったり、成果に対する報酬制度を設けたりします。これにより技術が高度化し、目標への達成意欲が高まります。従業員を大切にする経営は昨今、広範にみられるようになりました。

たとえば、スターバックスコーヒーでは正社員だけでなくパートにもストックオプション制度を採用しています。これにより企業業績がアップし、株価が上昇すれば自己の資産が増大するという好循環が生まれ、一生懸命働こうという強いモチベーションが醸成されるようになるのです。

インターナル・マーケティングの発想

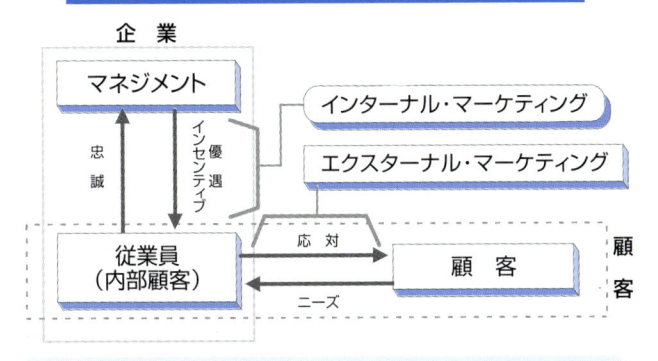

```
企業
  マネジメント
    ↑忠誠  ↓インセンティブ・優遇
  従業員（内部顧客） ──応対──→ 顧客
                    ←──ニーズ──
  インターナル・マーケティング
  エクスターナル・マーケティング
```

- マネジメントは、従業員を内部顧客と考え、モラール・アップのためにさまざまなインセンティブや優遇を提供する。
- 従業員はそれに満足し、忠誠を誓って顧客に熱心な応対を行う。
- マネジメントは、従業員の良好な応対（エクスターナル・マーケティング）を通じて、間接的に顧客のニーズを満たすことができる。

組織内のフィードバック・ループ

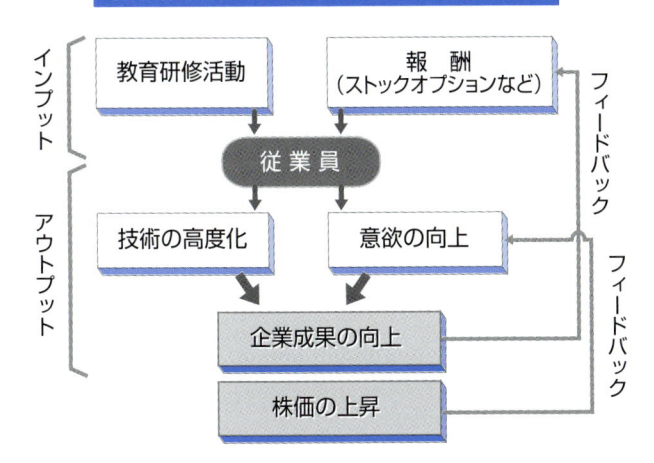

```
インプット：
  教育研修活動        報酬（ストックオプションなど）
           ↓         ↓
          従業員
           ↓         ↓
アウトプット：
  技術の高度化       意欲の向上
           ↓         ↓
       企業成果の向上
       株価の上昇
```

フィードバック（意欲の向上へ）
フィードバック（株価の上昇から報酬へ）

47 ソリューション・ビジネス
独立した問題解決事業

> 経済活動が高度化し、技術が専門化してくると、さまざまな分野で企業業務の一部を代行する専門企業が登場します。企業が抱える問題の解決のためになされる代行事業をソリューション・ビジネスといいます。

ソリューションというのは「問題解決」という意味で、主にコンピュータの分野で1990年代に入ってから頻繁に使われるようになりました。

これは、企業がコンピュータ・ネットワーク・システムを導入した際に発生するトラブルや疑問について、製品を納入したコンピュータ・メーカーやその子会社のサポート企業が処理に当たるという意味です。

ただしコンピュータ分野に限らず、経済活動が高度化するにつれて分業化が進み、必要な業務を社内ですべて抱え込むのではなく、下請けや子会社、パートナー企業、専業者などに任せるという業務のアウトソーシング化が一般に進んできています。

具体的には企業に代わって調査活動を行うマーケティング・リサーチ会社、教育活動を行うコンサルティング会社、広告や各種イベントを企画する広告代理店などです。

現在では冒頭に掲げたコンピュータ・ネットワーク・ソリューションのほかに、警備を行うセキュリティ・ソリューション、生産システムやサプライチェーン・マネジメントを支援する製造ソリューション、投資・金融などの資金収益管理を行う金融ソリューション、在宅介護を支援する介護ソリューションなどさまざまなものが開発されています。

ソリューション・プロセス

```
[問題発生]  →  [問い合せ]
ウーン。         不具合
うまく           なんです     ハイ
いかない         けど…

       ↓

[問題解決]  ←  [修理・保守]
終わり    助かり        ココか
ました    ました
```

ソリューション・プロセス

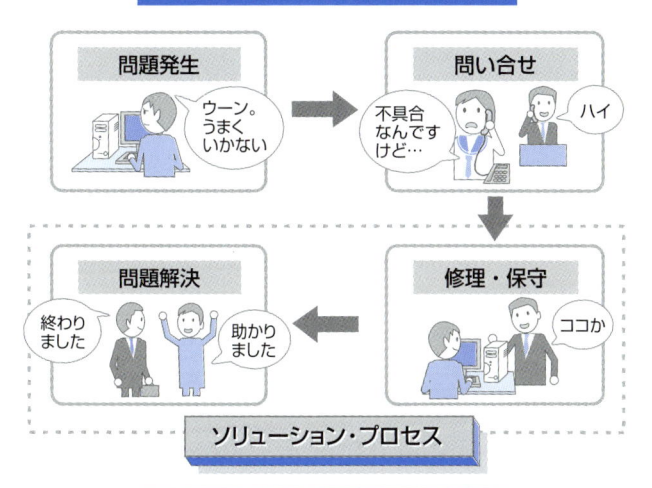

さまざまなソリューション

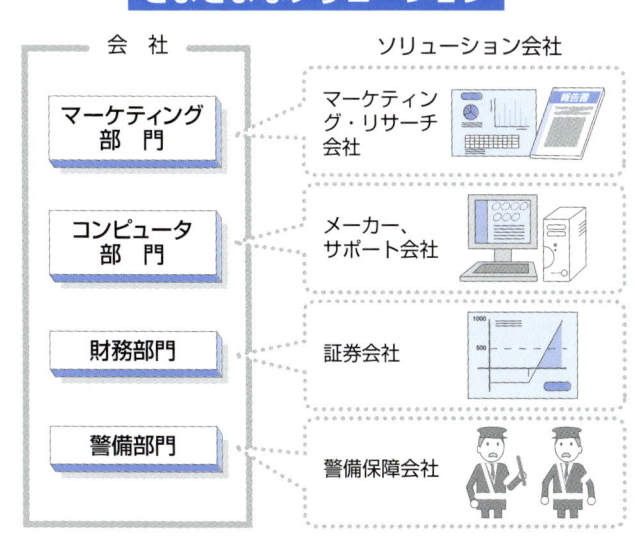

会社	ソリューション会社
マーケティング部門	マーケティング・リサーチ会社
コンピュータ部門	メーカー、サポート会社
財務部門	証券会社
警備部門	警備保障会社

48 サービス・マーチャンダイザー
総合的な小売店頭支援

> 消費者に喜んでもらうため、小売業が行わねばならない業務は多岐にわたります。小売業者では行き届かない、商品の仕入・販売に関わる総合的な店頭支援を行う卸売業者のことをサービス・マーチャンダイザーといいます。

　小売の店頭管理を行う卸売業者には、従来からラックジョバーといわれる人々がいます。彼らは小売店内の特定の売場の棚（ラック）に関して仕入れ、陳列、値付け、販売、残品の回収などに責任を持ち、すべて一括で請け負う事業者です。

　1950年代以降、米国ではスーパーが消費者のワンストップ・ショッピング・ニーズを満たすために、食品だけでなく衣料品を含めた総合的な品揃えを行うようになりました。大手のスーパーでは非食品分野の管理にマネジャーを専従で置くことができましたが、とくにローカルの中小スーパーではコスト負担やノウハウ不足がネックとなり、非食品分野に専従のマネジャーを置くことができませんでした。そこにビジネスチャンスを見つけたラックジョバーが、上記のような業務を請け負うようになったのです。

　このラックジョバーの進化形態がサービス・マーチャンダイザーです。彼らは情報武装し、非食品分野の幅広い品目を管理しています。そして情報の収集、管理、提供技術の強みを生かし、リテール・サポートという小売業への各種指導や支援に重要な役割を果たしています。今日、顧客となる小売業者は独立型の中小スーパーだけでなく、ドラッグストアやディスカウントストアへとその裾野を広げています。

ラックジョバー登場の背景

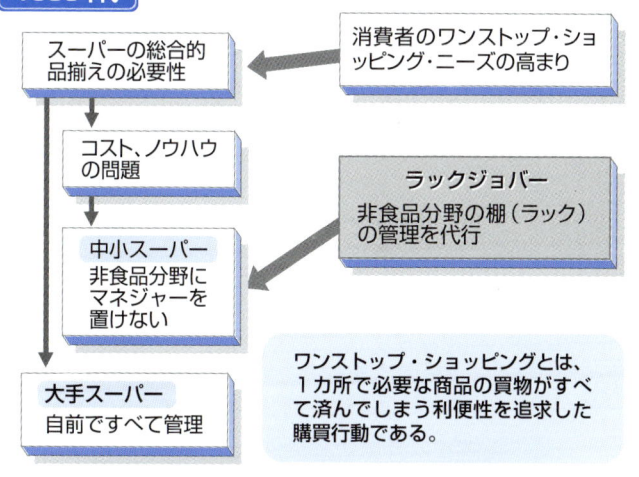

1950年代

- 消費者のワンストップ・ショッピング・ニーズの高まり
  → スーパーの総合的品揃えの必要性
    → コスト、ノウハウの問題
      → **中小スーパー**：非食品分野にマネジャーを置けない
    → **大手スーパー**：自前ですべて管理

- **ラックジョバー**：非食品分野の棚（ラック）の管理を代行 → 中小スーパー

ワンストップ・ショッピングとは、1カ所で必要な商品の買物がすべて済んでしまう利便性を追求した購買行動である。

サービス・マーチャンダイザーとラックジョバー

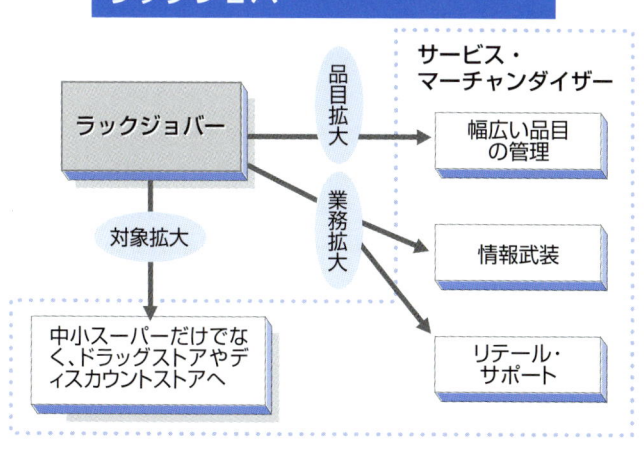

ラックジョバー

- 品目拡大 → **サービス・マーチャンダイザー**
  - 幅広い品目の管理
- 業務拡大 →
  - 情報武装
  - リテール・サポート
- 対象拡大 → 中小スーパーだけでなく、ドラッグストアやディスカウントストアへ

49 サービス・エンカウンター
提供者と利用者の接点

> サービスは、提供者と顧客の相互作用によって作り上げられていきます。エンカウンターとは「遭遇」ということで、これらの参加者が時空間をともにし、相互作用することをサービス・エンカウンターといいます。

　無形財であるサービスは物的な製品とは異なり、生産と消費が同時に行われます。それゆえサービスの提供者と顧客は同じ場所で同じ時間を過ごすことになります。サービス・エンカウンターはこのようにサービスの提供者と顧客がじかに遭遇し、ともにサービスを作り上げながら消費していくプロセスを意味します。

　サービス提供者は日頃から提供するサービスの技量を磨き、エンカウンターの際に良質のサービス商品を提供することに専心します。ロック・コンサートを例にとると、観客を満足させるためにミュージシャンは日々楽器の演奏、発声練習などを通じて音楽性を高めようとします。

　しかし、サービス・エンカウンターは、サービス提供者だけが機能しているわけではありません。観客が呼応し、相互に影響し合いながら独特のルールやマナーを持って、ロック・コンサートの場を盛り上げているのです。実際、佳境に入ると観客は総立ち状態となり、拍手をし、一緒に歌い始めることがあります。このような状況下で超然と座ったまま黙っていたのでは周りから白眼視されてしまいます。つまりサービスは、提供者と顧客によってだけでなく、顧客間の相互作用がその品質に影響を及ぼし、満足度を左右することもあるのです。

サービス・エンカウンターの考え方

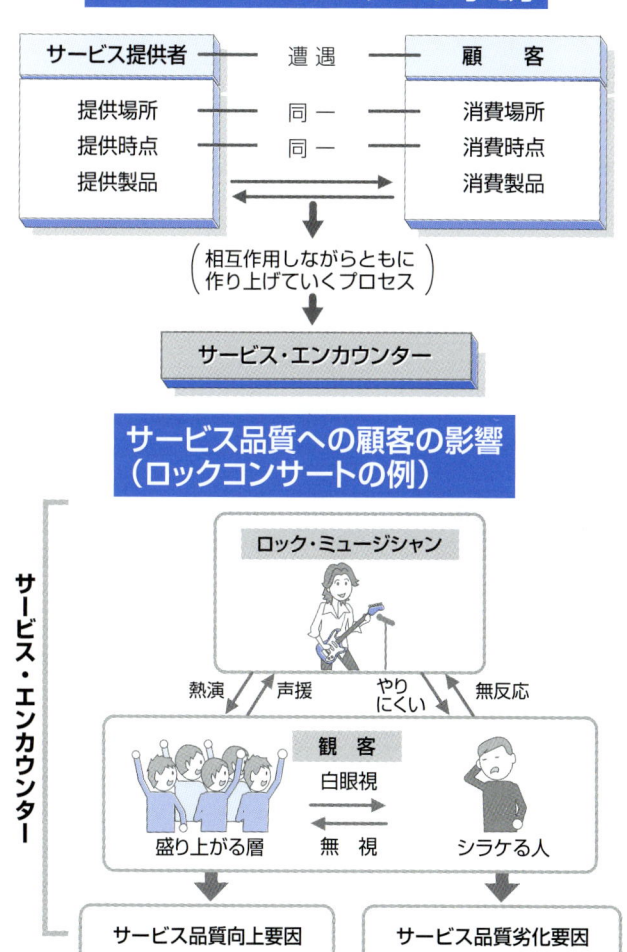

サービス提供者	遭遇	顧客
提供場所	同一	消費場所
提供時点	同一	消費時点
提供製品	↔	消費製品

↓
（相互作用しながらともに作り上げていくプロセス）

サービス・エンカウンター

サービス品質への顧客の影響 （ロックコンサートの例）

サービス・エンカウンター

ロック・ミュージシャン

熱演 / 声援 ↕ やりにくい / 無反応

観客

盛り上がる層 ⇄ 白眼視 / 無視 ⇄ シラケる人

→ サービス品質向上要因 　　　→ サービス品質劣化要因

サービス・エンカウンターでは、顧客間の相互作用もサービス品質に影響を及ぼす。

50 サービス・クオリティ・モデル
期待と現実のギャップを分析

> サービスの品質はさまざまな要因によって決定されます。A・パラシュラマンらは、顧客が期待するサービスと、現実に認知されたサービスとのギャップがサービスの品質を決定するというモデルを提案しました。

サービスの取引においていわゆる「ギャップ」はさまざまな面で発生しています。

①経営者が考える消費者の期待と現実の消費者の期待との間のギャップ ②サービスについて経営者が考える消費者の期待と企業のサービス品質の仕様書との間のギャップ ③サービス品質の仕様書と現実のサービス・デリバリーとの間のギャップ ④現実のサービス・デリバリーと消費者に向けた外部コミュニケーションとの間のギャップ、そして ⑤消費者が期待するサービスと現実に知覚するサービスとの間のギャップ、などです。

これらがサービスのクオリティに影響を及ぼすのですが、最終的にサービスの品質を評価するのは消費者であり、最も重要なのは⑤のギャップです。

消費者が過去の経験・個人的ニーズ・他人からの口コミで形成し、期待したサービスの水準と、実際に利用した印象とを比べ、前者のほうが高ければクオリティは低く、後者のほうが高ければクオリティは高いと判断されます。

そして消費者が期待するサービスと知覚するサービスに影響を及ぼす要因としてA・パラシュラマンらは、接近容易性、意思伝達、的確性、礼儀正しさ、信用性、信頼性、応答性、安全性、明瞭性、顧客の理解の10項目を挙げています。

サービス・クオリティ・モデル

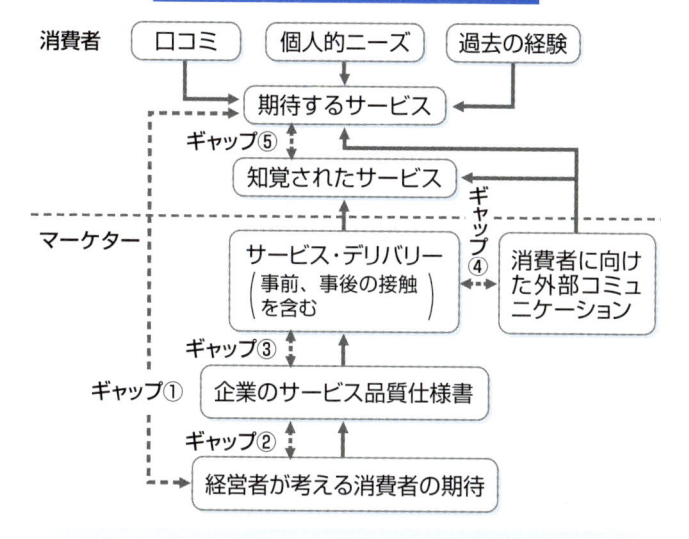

消費者
- 口コミ
- 個人的ニーズ
- 過去の経験

→ 期待するサービス

ギャップ⑤

知覚されたサービス

---（マーケター）---

サービス・デリバリー（事前、事後の接触を含む） ← ギャップ④ → 消費者に向けた外部コミュニケーション

ギャップ③

企業のサービス品質仕様書

ギャップ①　ギャップ②

経営者が考える消費者の期待

A. Parasuraman, Valarie A. Zeithaml, and Leonard L. Berry (1985), "A Conceptual Model of Service Quality and Its Implications for Future Research" *Journal of Marketing*, 49 (Fall), p.44より筆者翻訳。

サービス品質への影響要因

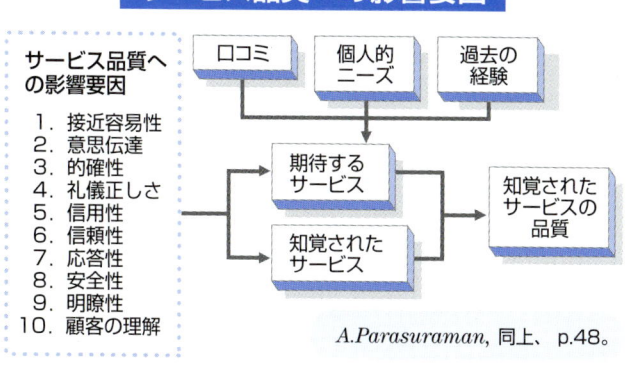

サービス品質への影響要因
1. 接近容易性
2. 意思伝達
3. 的確性
4. 礼儀正しさ
5. 信用力
6. 信頼性
7. 応答性
8. 安全性
9. 明瞭性
10. 顧客の理解

口コミ・個人的ニーズ・過去の経験 → 期待するサービス／知覚されたサービス → 知覚されたサービスの品質

A. Parasuraman, 同上、p.48。

51 サービスの生産性
人的資源の有効活用

> 企業活動を行う上で、効率性の問題を避けて通るわけにはいきません。物財と同様にサービスに関しても、投下したコストに対してどれだけの成果が上がるかを計ることは重要です。これをサービスの生産性といいます。

著名なマーケティング学者セオドア・レビットは、サービスの工業化を提唱しました。先進国では第三次産業のウエイトが高くなり、その効率化を図らなければ経済が停滞してしまうという認識が背景にあります。

彼が主張した工業化によってサービスの生産性を上げる方法は次の3つです。

①ハード・テクノロジー　人間の労働と代替できる分野に機械や設備を導入すること。自動販売機や自動改札機などがこれに当たります。

②ソフト・テクノロジー　標準化や分業を図ることによってサービスをシステム化することです。マニュアル化を徹底するファストフード業界などがこれに当たります。

③ハイブリッド・テクノロジー　ハード・テクノロジーとソフト・テクノロジーの融合です。

このようにしてサービスの生産性を高めることはできますが、それ以外にもサービス業に向いた人材を積極的に採用すること、あるいは教育訓練によって既存の人員のスキルアップを図る方法があります。

さらに顧客にサービスを代替してもらうということもあります。これは伝統的にはセルフサービス形態のスーパーがありますが、近年では外食産業にみられるドリンクバーやサラダバーなどがこれに当たります。

セオドア・レビットのサービスの工業化

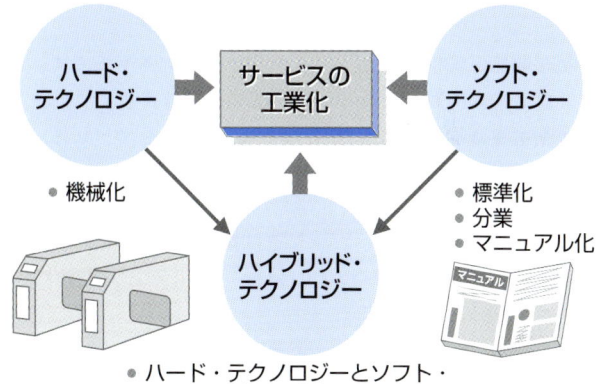

- ハード・テクノロジー
  - 機械化
- ソフト・テクノロジー
  - 標準化
  - 分業
  - マニュアル化
- ハイブリッド・テクノロジー
  - ハード・テクノロジーとソフト・テクノロジーの融合

→ サービスの工業化

サービスの生産性向上の方法

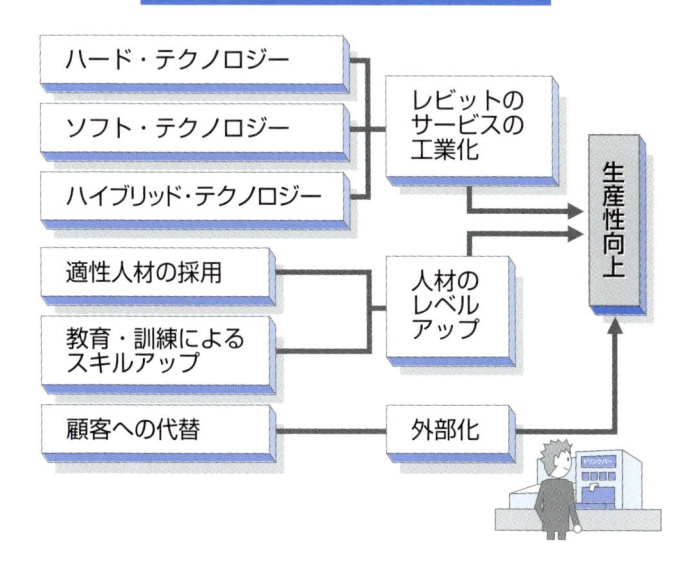

- ハード・テクノロジー
- ソフト・テクノロジー
- ハイブリッド・テクノロジー
  → レビットのサービスの工業化

- 適性人材の採用
- 教育・訓練によるスキルアップ
  → 人材のレベルアップ

- 顧客への代替
  → 外部化

⇒ 生産性向上

52 サービス・デリバリー・システム
生産・提供の主要プロセス

> 物的な製品と同様に、サービスも作り出されるものです。人的要素と非人的要素が絡み合い、後方支援まで含めたサービスが生産され提供される場とプロセスのことをサービス・デリバリー・システムといいます。

デリバリー(delivery)という語は直訳すると「配達」という意味ですが、無形サービスの分野では生産と提供の両方を包含した意味になります。

サービス・デリバリー・システムは、顧客に対してサービス製品を生産・提供するための人間の行為や場、さらには生産に必要となる物的な機器などのすべてを指します。つまり、サービス製品の生産・提供プロセスに関わる人的および非人的要素のすべてをカバーする概念なのです。これは次の2つに大別できます。

①フロント・オフィス　これはサービス提供者と顧客の接点のことで、サービス提供の前線部隊といえます。たとえば銀行のサービスを例にとると、窓口で顧客対応を行う行員がこれに当たります。

②バック・オフィス　これは前線でのサービス提供をバックアップする後方支援部隊です。銀行の場合には窓口業務のサポートを行う事務業務、広報活動、清掃業務、警備業務などがこれに当たります。

サービス・デリバリー・システムが有効に機能するためには、両オフィスの分業と密な情報交流による相互の理解の上に立った協業プロセスを確立することが重要になります。

物的商品のデリバリーとサービスのデリバリー

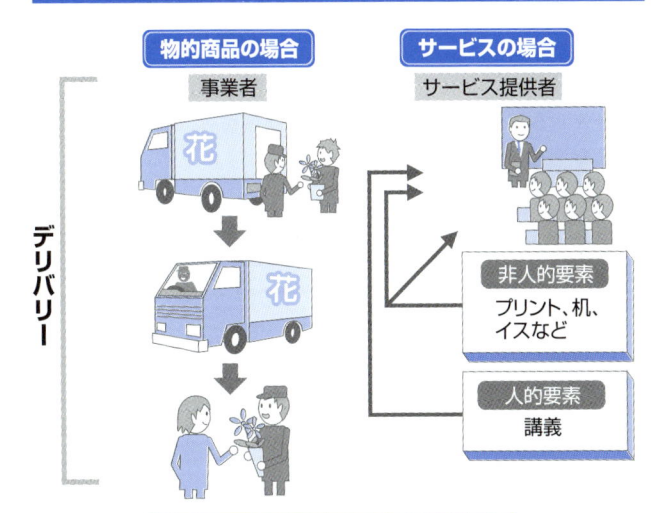

デリバリー

物的商品の場合
事業者

サービスの場合
サービス提供者

- 非人的要素
  プリント、机、イスなど
- 人的要素
  講義

サービス・デリバリー・システム

サービス・デリバリー・システムの要素

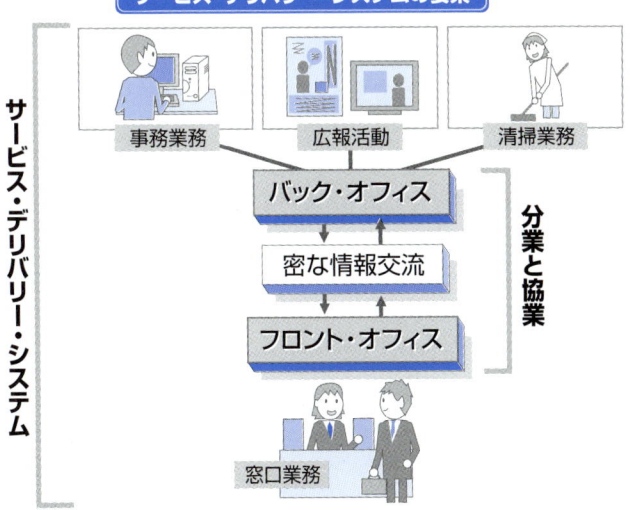

事務業務　　広報活動　　清掃業務

バック・オフィス

↕ 密な情報交流 ↕

フロント・オフィス

分業と協業

窓口業務

53 プリ・セールス
販売前のサービス活動

> 通常、企業は、商品の販売時点、あるいは販売後にサービスを提供すると考えられます。しかし情報提供、製品設置、取引条件などの面で事前のサービスは不可欠です。これをプリ・セールスといいます。

　企業のマーケティング活動をみると、サービス業に限定されることなく、どのような企業でも多様なサービスを実施しています。

　消費者が購入前に提供するサービスをプリ・セールス、あるいはビフォーサービスといいます。購入後に提供するサービスがアフターサービス、あるいはテクニカル・サポート（54参照）です。

　日本の消費者は物的な面で必要な物はほぼすべて揃い、心や情緒など非物的な面に価値を置くようになってきました。また企業間で技術水準はほぼ平準化し、多少の相違があってもすぐキャッチアップできるので、製品の品質面での優位性を強調することが難しくなっています。

　このような時代背景の下、区別化の手段としてサービスが重視され、顧客誘引のために購買前のサービス提供活動であるプリ・セールスに焦点が合わせられているのです。

　プリ・セールスには、①消費者に対して商品やサービスの正確な内容を知ってもらうための広告、PR活動　②重量がかさんだり特別の施工が必要な製品の設置サービスなどの各種情報提供　③高額商品の購入の際の多様な支払い条件の提示やクレジット会社の紹介　④他社より優遇した下取り条件やディスカウント条件の提示、などがあります。

プリ・セールスとアフターサービス

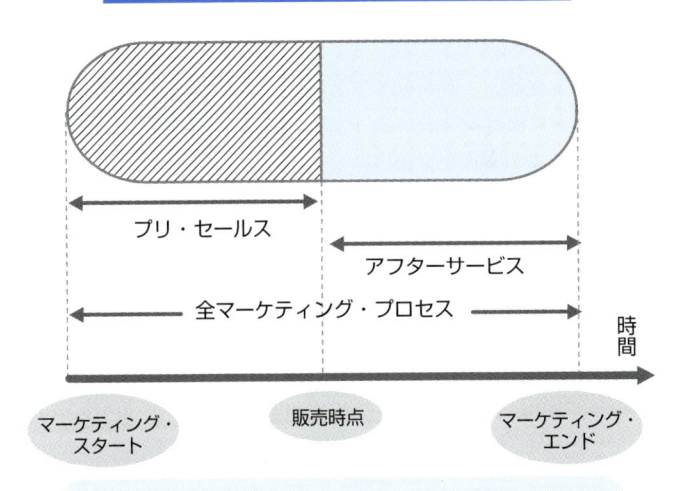

販売は一時点であり、それより前に行うのがプリ・セールスで、それより後に行うのがアフターサービスである。

主なプリ・セールス活動

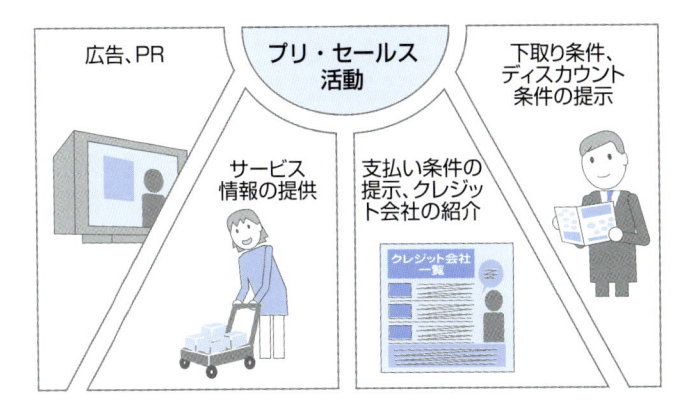

- 広告、PR
- サービス情報の提供
- 支払い条件の提示、クレジット会社の紹介
- 下取り条件、ディスカウント条件の提示

54 テクニカル・サポート
販売後のサービス活動

> 製品が高機能化、高額化すると販売後の保守が不可欠になります。主に産業財マーケティングの分野で、販売後の製品が有効に機能するように技術面で行うアフターサービスのことをテクニカル・サポートといいます。

産業財の分野では、生産のためのキーとなっている重要な機器は常時円滑に機能することが求められます。しかし機器にはトラブルがつきもので、それが起こらないように定期的に点検・保守を行い、顧客をフォローし続けます。

そして顧客にトラブルが発生した際には、スピーディーな対応をとらねばなりません。このような対応体制がいわゆるテクニカル・サポートですが、これは広義のアフターサービスの範疇に入ります。

テクニカル・サポートの主な活動としては、①販売後の製品の組み立て、設置 ②使用のための詳細なマニュアルの提供や実際の使用のための指導 ③定期的な点検、保守などのメンテナンス ④実際に使用上のトラブルが起こった際の製品修理や技術支援、などがあります。

また、一般消費者向けのアフターサービスと共通するものとして、⑤製品の配達 ⑥品質保証(無料修理期間の設定) ⑦ユーザーの問い合わせやクレームへの迅速な処理体制 ⑧バージョンアップ情報や新製品情報の提供、などがあります。

企業は、この過程でユーザーから生の声を聞くことができ、それに的確に対応することによって新商品のアイデアを得たり、ユーザーと長期的な関係性を構築したりすることができます。

テクニカル・サポートを通じた長期的関係の構築

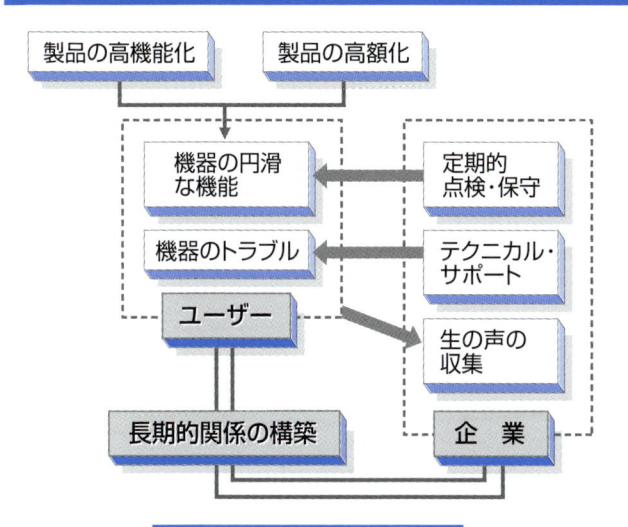

- 製品の高機能化
- 製品の高額化

- 機器の円滑な機能 ← 定期的点検・保守
- 機器のトラブル ← テクニカル・サポート
- ユーザー → 生の声の収集
- 長期的関係の構築 — 企業

主なアフターサービス

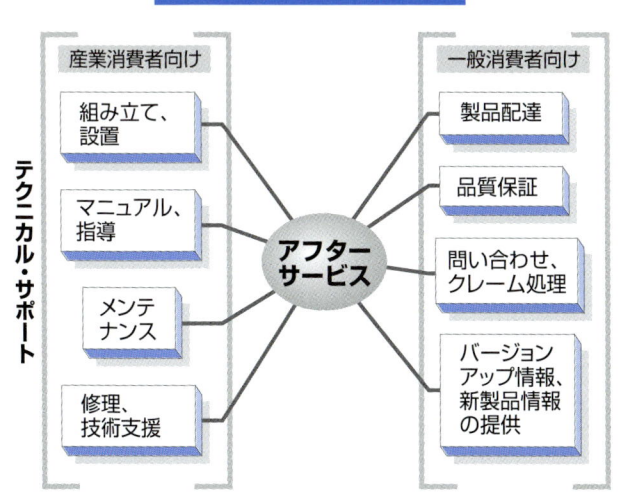

テクニカル・サポート

産業消費者向け
- 組み立て、設置
- マニュアル、指導
- メンテナンス
- 修理、技術支援

一般消費者向け
- 製品配達
- 品質保証
- 問い合わせ、クレーム処理
- バージョンアップ情報、新製品情報の提供

アフターサービス

Coffee Break サッキング・サービス

　スーパーでみられるセルフサービス方式。日本のこのシステムは、開発本家である米国と比較すると、明らかに異なる点があります。違いの最たる点は、レジでのサッキング・サービス（袋詰めサービス）の有無です。

　セルフサービス方式の本家、米国のスーパーでは、「セルフサービス」を標榜しながらも、およそどこのスーパーでも袋詰めサービスを実施しています。筆者が米国滞在中にしょっちゅう利用したセイフウェイでは、どのレジにもチェッカーを操作する要員と、それとは別に袋詰めサービスをする要員が配置されていました。それゆえ客が自らの手で商品を袋詰めすることはありませんでした。

　問題はスーパーでのこのサービスが必要なものなのか、単なるコストアップ要因なのかという点です。日本人の一般的な感覚からすれば、袋詰め要員の人件費やレジでの待ち時間を考えると、恐らく後者と考える人が優勢だと思います。

　しかし、これは「広告コストは無駄だ」式の古臭い思考だと考えます。米国のスーパーでは、消費者がレジで支払いをしている間に袋詰め作業が終わっていて、小銭を財布に収めると同時に袋をぶら下げて店を出ることができます。

　消費者は若い健常者ばかりでなく、ご高齢の方もいれば、体の不自由な方もいます。米国のサッキング・サービスは、誰にも負担をかけずにスピーディーな処理を実現してくれるユニバーサル・サービスと捉えることもできるでしょう。

　結果として、この種のサービスにより消費者の「バリア」が除去されたならば、より多くの消費者を誘引し、規模の経済性が働いて、商品価格を引き下げることすら可能なのです。

第 VI 章

効果的なコミュニケーションを考える

55 インターネット広告
ネット上の販売促進手段

> 企業は社名および自社の作り出す製品やサービスの認知度を高めるために、積極的にコミュニケーション活動を行います。インターネットを利用した販売促進のための告知活動をインターネット広告といいます。

　企業にとって広告は、極めて重要な市場創造活動です。しかし、テレビ、ラジオ、新聞、雑誌などのマスメディアを利用するとコストが過多になりがちです。これに対してインターネットでの情報提供は、コストも安く情報の更新も容易なので、多様な形態をとって進化しています。主なものは次の通りです。

①検索連動型広告　リスティング広告ともいわれ、ユーザーが検索エンジンを使用して用語の検索をすると、その用語に関連するスポンサーの広告を検索画面の右横などにリストアップするものです。

②バナー広告　ウェブサイトのホームページに貼り付けられた長方形の広告です。企業名や短いキャッチコピーが記載されており、それに興味を持ったユーザーがバナーをクリックすると、広告主のURLへジャンプするという仕組みです。

③eメール広告　ユーザーが訪問したウェブサイトで登録をした後、eメールやメールマガジンという形態で広告情報が提供されるものです。これはプッシュ型、あるいはターゲット型といわれるもので、ユーザーの来訪を待つのではなく、顧客の好みや属性に合わせて主体的に情報提供ができます。

　その他、企業が立ち上げているウェブサイトも広い意味で広告媒体といえます。

インターネット広告とマスメディア広告の違い

	媒体	コスト	情報更新
ウェブ広告	インターネット	低い	容易
マスメディア広告	テレビ、ラジオ、新聞、雑誌	高い	困難

インターネット広告の種類

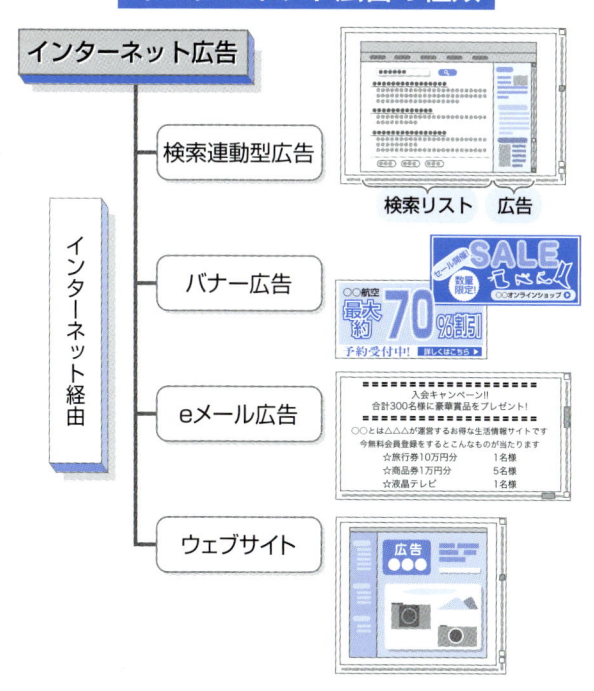

インターネット広告

インターネット経由
- 検索連動型広告 — 検索リスト　広告
- バナー広告
- eメール広告
- ウェブサイト

56 ソーシャル・ネットワーキング・サービス(SNS)
ネット・コミュニティの有効活用

> ネット上に構築されたコミュニティを通じ、人々が交流するシステムがソーシャル・ネットワーキング・サービスです。利用する企業には、これまで顔の見えなかったユーザーと容易に双方向で対話できるメリットがあります。

　日本では、最大会員数を誇るミクシー、そしてモバゲー、グリーなどの SNS が有名です。

　世界では、Facebook、MySpace、Google+ などのユーザーが多く、米国ではほぼ不可欠のコミュニケーション・ツールにまでなっています。

　企業でもSNSは、ホームページ、ブログ、Twitterと並び、顧客とのコミュニケーション・ツールとしての認識が高まっており、多くの活用例が出てきています。

　たとえば、企業ではFacebookページ（旧ファンページ）を通じて、企業自身や商品について、ユーザーが盛り上がるためのコミュニケーションの「ネタ」を提供しています。また、企業に対する消費者の書き込みに対しては、きちんと返信します。このような双方向性を維持することで、企業は消費者にとってぐっと身近な存在になります。

　また、Facebookの「いいね！」ボタンは、マーケティング・リサーチに活用されています。あるファッションメーカーは新作の衣料サンプルを複数作った際に、その画像をFacebookページにアップします。そして、各サンプルに対する好感度を「いいね！」ボタンで評価してもらいます。この活用例の場合、製品化以前に人気投票をして採否を決してしまうので、コスト面の無駄がなくなります。

ソーシャル・ネットワークの意味

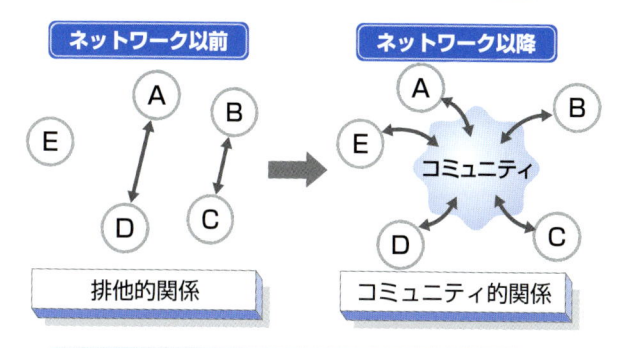

ネットワーク以前 → **ネットワーク以降**

排他的関係 / コミュニティ的関係

- ソーシャル・ネットワークが構築される以前は、排他的な個人関係が多かった。
- ネット・コミュニティに参加すると、爆発的に人間関係が拡大する。

企業のFacebookページのイメージ

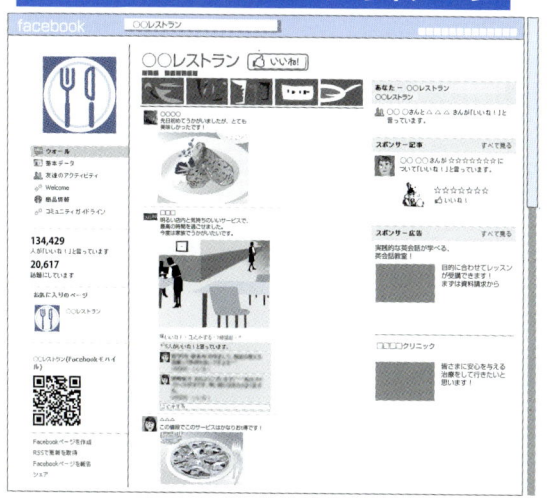

57 eメール・マーケティング
個別対応の市場創造活動

> eメールは、すでにわれわれの意思や情報の迅速で手軽な伝達手段としては欠くことのできない存在になっています。これを市場創造の手段として活用する取り組みがeメール・マーケティングです。

　eメール・マーケティングの提唱者のジム・スターンとアンソニー・プライアーは、eメールをブランド・イメージ獲得の最強の道具、ダイレクトな反応を引き起こす最強の道具、顧客との関係を確立する最強の道具と位置づけています。

　彼らによると、eメール・マーケティングの力を最初に理解し、実践した企業にアマゾン・ドット・コムがあります。同社は利用者が興味を持つ新刊書籍についての情報をeメールで提供することを思いつきました。そしてすべての本の説明ページの末尾にその本を分類するカテゴリーリストをつけ、顧客にどのカテゴリーに一番興味を持っているかを尋ねます。顧客がカテゴリーを選んだり、著者を選んだり、タイトルを選ぶと、その選択に該当する新刊が出た時に、個別にeメールで知らせるのです。

　無論、eメールを送付するのは、あらかじめパーミションの得られた人だけです。ジム・スターンとアンソニー・プライアーによると、これは個々の顧客のニーズに基づくワン・トゥー・ワンの対応で、うまく実施できれば、魚が自ら網に飛び込んでくるような入れ食いの状態になるといいます。

　eメールはすでにコミュニケーションのインフラになっています。その知的活用にビジネス・チャンスがあるのです。

eメール・マーケティングの効果

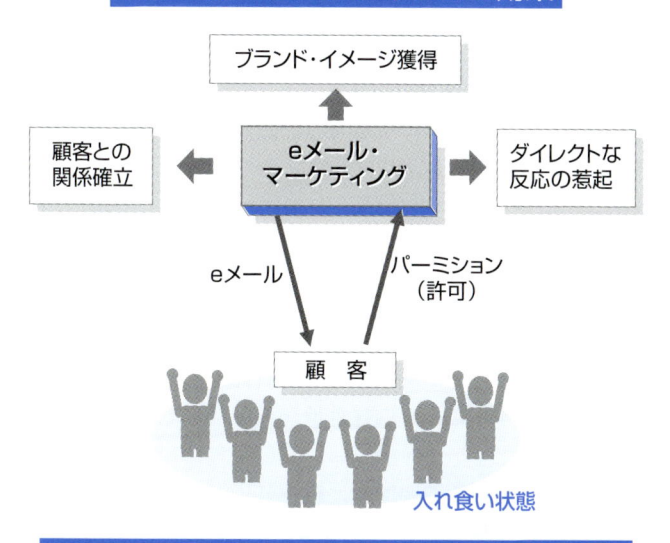

```
                ブランド・イメージ獲得
                        ↑
顧客との          ← eメール・ →     ダイレクトな
関係確立             マーケティング      反応の惹起
                  ↓        ↑
               eメール   パーミション
                        （許可）
                    顧 客
                  入れ食い状態
```

アマゾン・ドット・コムのeメール・マーケティング

```
                  カテゴリー →
顧 客  →         著 者    → 好み(=ニーズ)の通知 → アマゾン・ドット・コム
                  タイトル →                        データベース
  ↑
ワン・トゥー・
ワン対応
  ↑
好みに合った新刊書籍の紹介  ←
```

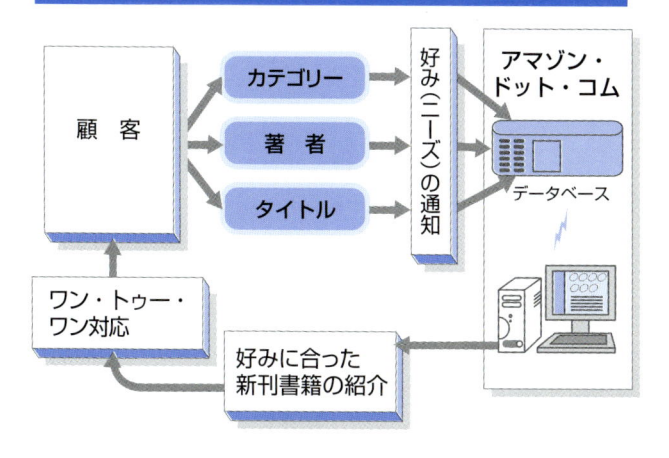

58 eMP（eマーケット・プレイス）
事業者が集う電子市場

> インターネットの爆発的な普及によって仮想空間上での取引が拡大してきました。取引を行いたい事業者が集うコンピュータ・オンライン上の仮想の市場のことをeMP（eマーケット・プレイス）といいます。

　インターネットを媒介に取引を行うeコマース（電子商取引）は拡大の一途をたどっています。しかし、一般の消費者になじみの深いバーチャル・モールに代表されるB2C（企業と消費者間の取引、63参照）は、取引ロットが小口で分散的に顧客が存在することから採算性が悪く、成功しているとはいえません。

　これに対して事業者間取引であるB2B（63参照）は、取引量がまとまっており取引相手もある程度絞り込めるため、低コスト、高収益を目指す企業に便利な取引手段といえます。

　事業者間でのネットワーク取引はWeb-EDIに基づくのが一般的ですが、eマーケット・プレイス（eMP）では取引相手を固定せず、電子市場上でサプライヤーとバイヤーが相互に条件を出し合うことにより、有利な取引相手を探すことができます。

　これまでのeコマースでは、単一のサプライヤーが条件を提示し、それに対してバイヤーが競い合うサプライヤー主導か、単一のバイヤーが提示した条件に対して複数のサプライヤーが販売を仕掛けるバイヤー主導かの1対Nの取引でした。これに対しeマーケット・プレイスでは、複数のサプライヤーと複数のバイヤーが一堂に会して最適な条件の取引相手を探し合えます。これにより取引相手の探索、交渉、決済などに関わる多大なコストの大幅な削減が可能になります。

従来のECとeMP

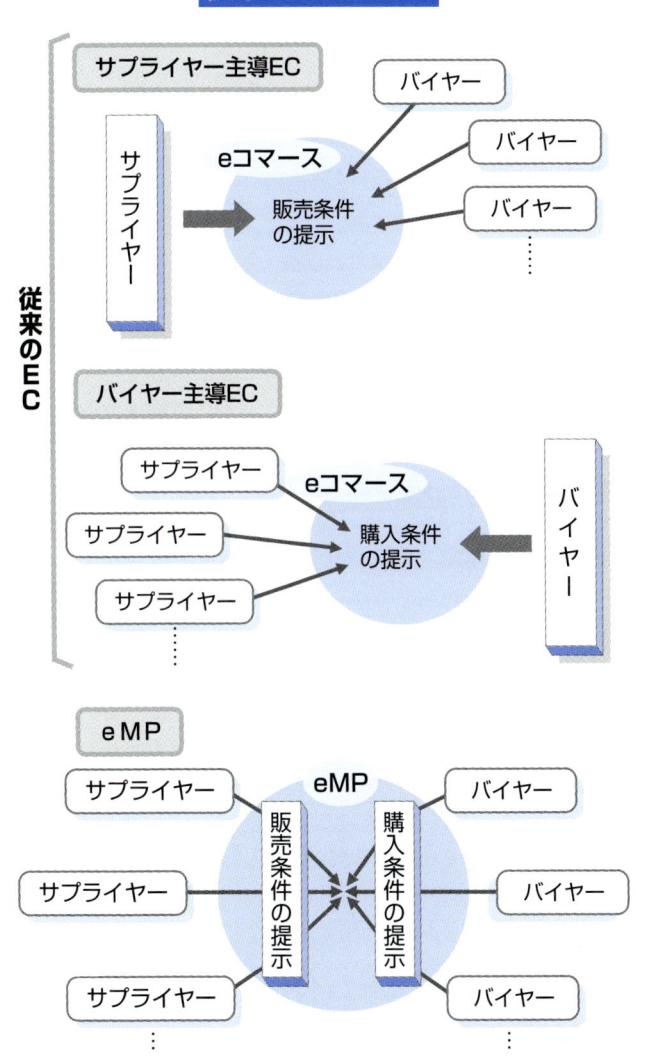

従来のEC

サプライヤー主導EC

サプライヤー → eコマース（販売条件の提示） ← バイヤー／バイヤー／バイヤー……

バイヤー主導EC

サプライヤー／サプライヤー／サプライヤー…… → eコマース（購入条件の提示） ← バイヤー

eMP

サプライヤー／サプライヤー／サプライヤー…… → eMP（販売条件の提示 / 購入条件の提示） ← バイヤー／バイヤー／バイヤー……

59 バイラル・マーケティング
口コミの有効活用の方法

> 口コミは有効なコミュニケーション手段です。口コミをネット上で利用して、ウイルスに感染させるようにアイデアを効率的、効果的に普及させる方法をバイラル・マーケティングといいます。

前出（9参照）のセス・ゴーディンは、読者から「最初のパーミション（許可）をもらうには、どうやって注目してもらえばいいのですか？」という質問を受けました。彼がその回答として出した考え方がバイラル・マーケティングです。

パーミション・マーケティングの基本は、顧客と信頼関係を築き、一人ひとりの顧客と長期間付き合っていこうとするものです。これは時間軸にそったマーケティングといえます。しかしまず、顧客を集めねばなりません。

バイラル・マーケティングの「バイラル」とはウイルスのことを意味します。このマーケティングでは、まずスニーザーといわれる、アイデアをウイルスのように広めていくオピニオン・リーダーを確保し、ネット上で彼らを使って水平的かつ爆発的に伝えたいアイデアを普及させます。

かつてこのマーケティングで成功したホットメール（1998年にマイクロソフトが買収）は、無料でメールを送ることのできるサイトをアップしました。

この便利なメールには末尾に「個人的に使える無料eメール、ホットメールをゲットしよう」という広告がついており、ユーザーはメールを利用するたびに広告塔になって製品の普及に寄与したのです。

パーミッション・マーケティングと バイラル・マーケティング

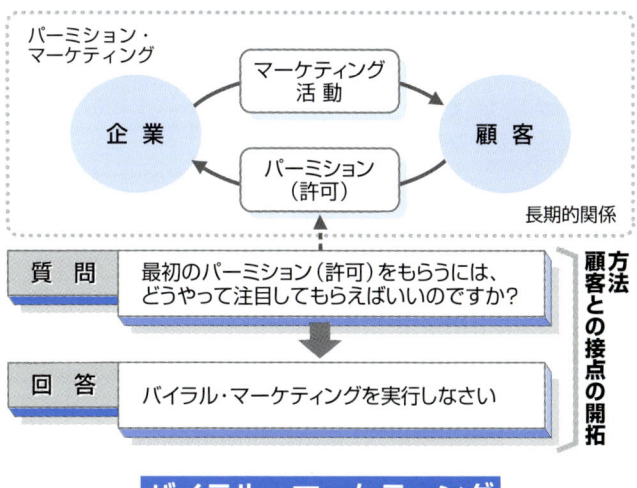

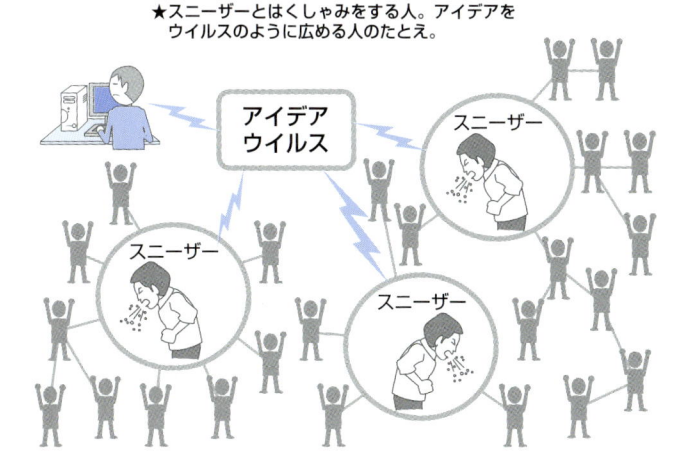

パーミッション・マーケティング

企業 →（マーケティング活動）→ 顧客
顧客 →（パーミッション（許可））→ 企業

長期的関係

| 質問 | 最初のパーミッション（許可）をもらうには、どうやって注目してもらえばいいのですか？ |

顧客との接点の開拓方法

| 回答 | バイラル・マーケティングを実行しなさい |

バイラル・マーケティング

★スニーザーとはくしゃみをする人。アイデアをウイルスのように広める人のたとえ。

アイデアウイルス

スニーザー
スニーザー
スニーザー

60 スパムとオプトイン
迷惑メールと同意を得たメール

> われわれが受信するメールには、いろいろな種類のものがあります。こちらが望んでもいないのに勝手に送りつけられるメールがスパムメールです。これに対し、事前の同意を得て届くメールがオプトインメールです。

親しい友人や知人からのメールは楽しかったり、ありがたかったりします。しかし、主に企業から送られてくるメールにはそうでないものも混じっています。こちらが要求していない広告のためのメールは、ただ煩わしいだけのものも少なくありません。

その典型は「出会い系サイト」の広告ですが、それ以外にも「1カ月で5000円を20万円に増やす方法を教えます。合法的です。返信をいただければ、詳細を書いた説明のメールをお送りします」というような、いかにも美味しそうでいかがわしい類のメールがあります。

どのようなスタイルにせよ、受信者が望んでいないのに勝手に送りつけられる迷惑メールはスパムメール、またはジャンクメールといいます。

企業活動には信頼性が不可欠であり、たとえ純粋な広告を意図しても、受信者の同意を得ていないメールを出すことは望ましくありません。効果も望めません。かえって、このようなメールを送信した企業の印象が悪化する場合が数多くあります。

これとは対照的に、受信者が納得して受け取るメールは成果に結びつく可能性が高くなります。オプトインというのは「同意する」ということで、受信者から同意を得たメールが、オプトインメールです。

スパムメールとオプトインメール

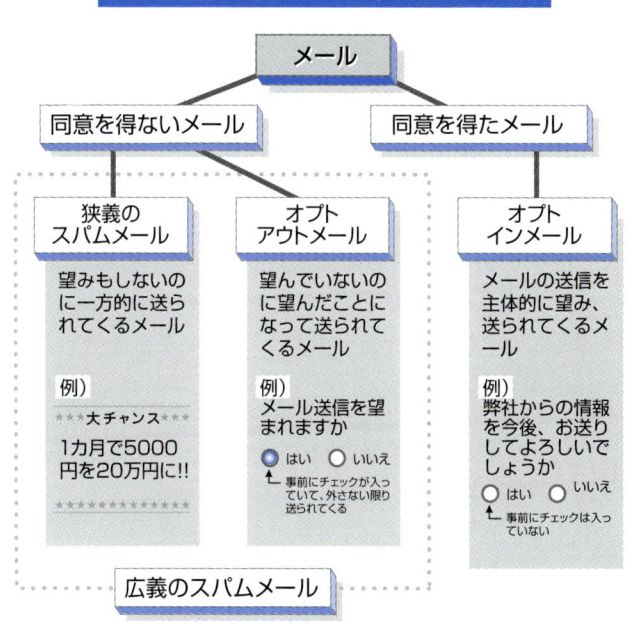

```
                         メール
                ┌──────────┴──────────┐
          同意を得ないメール            同意を得たメール
     ┌──────────┴──────────┐                │
   狭義の              オプト            オプト
 スパムメール         アウトメール        インメール
```

狭義のスパムメール
望みもしないのに一方的に送られてくるメール

例）
大チャンス
1カ月で5000円を20万円に!!
****

オプトアウトメール
望んでいないのに望んだことになって送られてくるメール

例）
メール送信を望まれますか
● はい　○ いいえ
↳ 事前にチェックが入っていて、外さない限り送られてくる

（広義のスパムメール）

オプトインメール
メールの送信を主体的に望み、送られてくるメール

例）
弊社からの情報を今後、お送りしてよろしいでしょうか
○ はい　○ いいえ
↳ 事前にチェックは入っていない

メールの着信、印象、効果

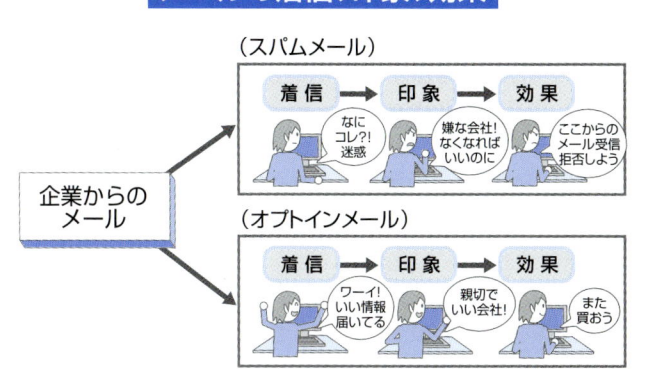

企業からのメール

（スパムメール）
着信 → 印象 → 効果
「なにコレ?!迷惑」／「嫌な会社！なくなればいいのに」／「ここからのメール受信拒否しよう」

（オプトインメール）
着信 → 印象 → 効果
「ワーイ！いい情報届いてる」／「親切でいい会社！」／「また買おう」

61 プライバシー問題
情報漏洩の危険性

> インターネットは大変便利なツールです。しかし、個人が入力した情報を盗み見られたり、不正利用される場合もあります。個人情報が知らないうちに漏洩し、出回ってしまう脅威をプライバシー問題といいます。

　コンピュータ・ネットワークの利用者の中にはその扱いに詳しく、遊び心や悪意を持って個人や組織の情報を漏洩したり改ざんしたりするハッカーやクラッカー(悪意を持つ者)といわれる人がいます。

　また、これとは別に、ネット通販を通じて商品を購入する際に、コンピュータ・オンライン上にインプットした個人の住所、電話番号、年齢、性別、家族関係、趣味、友人などのプライベート情報を取得した企業が、関連企業や他の企業に顧客リストとして提供してしまう場合があります。

　この結果、ネット・ユーザーは、ある日突然全く知らない企業からスパムメールを送られることがあります。これは個人の機密に関わる情報の漏洩、普及であり、決して許されることではありません。

　このような事態を防ぎ、個人のプライバシー情報を保護するために、個人情報保護関連法が2003年5月30日から公布されています。

　これは、個人情報保護法(基本法)、行政機関個人情報保護法、独立行政法人等個人情報保護法、情報公開・個人情報保護審査会設置法、整備法の五法から構成されます。この中で個人情報を取り扱う民間の事業者や行政機関等は、それを適正に取り扱う義務が課されています。

プライバシー漏洩のプロセス

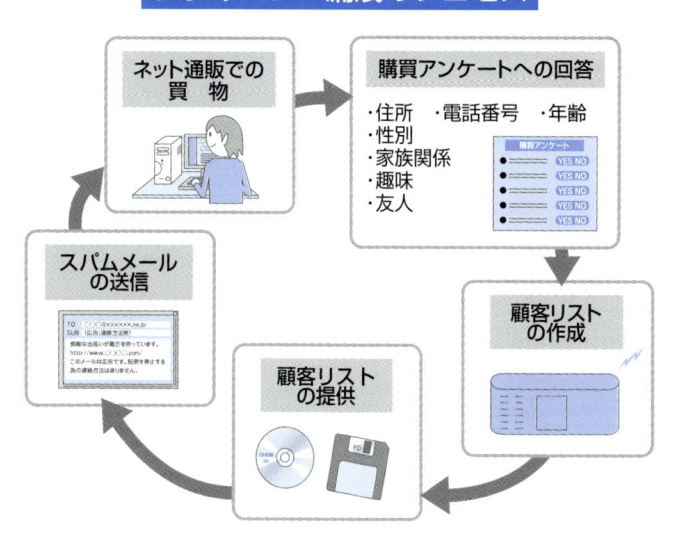

- ネット通販での買物
- 購買アンケートへの回答
  - ・住所　・電話番号　・年齢
  - ・性別
  - ・家族関係
  - ・趣味
  - ・友人
- 顧客リストの作成
- 顧客リストの提供
- スパムメールの送信

個人情報保護法（基本法）

基本理念：個人情報の適正な取扱い

民間の個人情報取扱い事業者の義務
（1）個人情報の利用目的の特定・通知・公表
（2）利用目的の範囲内での取扱いの制限
（3）個人情報の適正な取得
（4）個人情報の正確性の確保
（5）個人情報の安全性の確保
（6）第三者提供の制限
（7）本人の要請による情報の開示・訂正・利用停止の受諾　等

62 イノベーター理論
普及率16%がヒットのメルクマール

> 世の中に登場した新たな考え方や製品を採用するスピード（あるいは受容力）に基づいて、人々（あるいは消費者）を分類し、考え方や製品の未来の普及度を予測する学説をイノベーター理論といいます。

　この理論は、スタンフォード大学のエベレット・M・ロジャーズによって提唱されたもので、マーケティングでは、これを新製品の普及過程に応用しています。新製品が市場に導入された際に、それを購入する順番で人々をカテゴリー分けし、ヒットを予測するのです。

　まず、最も製品の購買の早いのがイノベーターです。革新者と訳されるこの分類に入る人々は、冒険的な志向性の高いタイプで、全体の2.5%いるといわれています。

　次に新製品を購入する人々が、アーリーアダプター（初期採用者）です。彼らは市場に登場して間もない製品をトライアル購買し、その中身をきちんと吟味しようとするタイプです。彼らは全体の13.5%を占めるといわれています。

　彼らの後に、アーリーマジョリティ、レイトマジョリティ、ラガードといった保守性を強めた購買者層が続いていくことになりますが、まずアーリーアダプターに製品が浸透するかどうかが、市場では大きな意味を持っています。

　というのは、アーリーアダプターは、いわゆる「オピニオンリーダー」といわれる存在で、多くの人々からその見解に信頼を得ている人々だからです。それゆえ、購買者割合が全体の16%を超えると、普及率は一気に高まる可能性があるのです。

イノベータ理論による消費者の分類

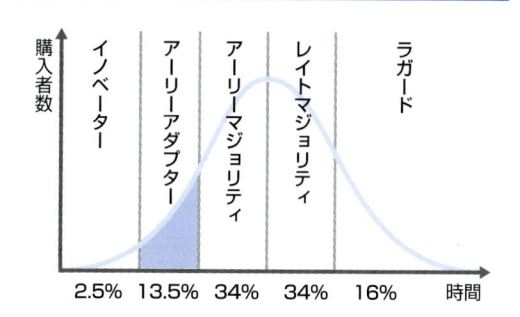

購入者数

| イノベーター | アーリーアダプター | アーリーマジョリティ | レイトマジョリティ | ラガード |

2.5%　13.5%　34%　34%　16%　　時間

- イノベーターは全体の2.5%，アーリーアダプターは13.5%を占める。
- 合計した16%を超えると普及率は一気に高まる。

アーリーアダプターの役割

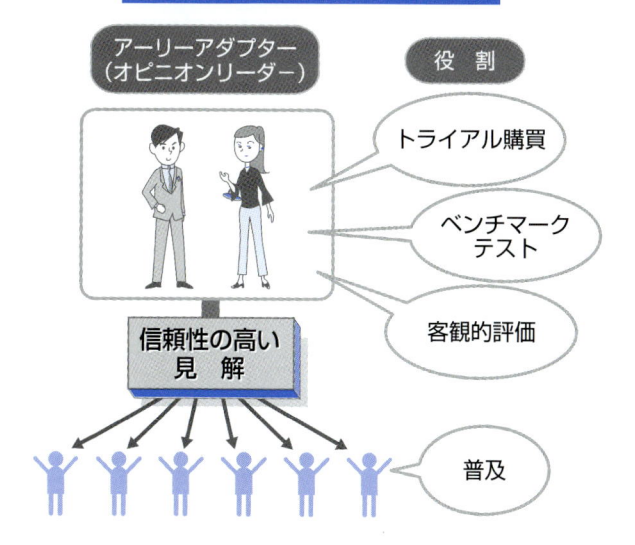

アーリーアダプター
（オピニオンリーダー）

役　割

- トライアル購買
- ベンチマークテスト
- 客観的評価

信頼性の高い見解

普及

Coffee Break
キャズムで読み解く腰パンの未来

　以前、NHK教育テレビの「Rの法則」という番組に出演させていただいた時に、イノベーター理論（62参照）に基づいて、ファッションの普及度の予測を行いました。

　テーマは「腰パン」。これはズボンを腰骨のくびれあたりまで引き下ろし、パンツの上方が見える状態で街を闊歩するファッションです。番組が全国の男子高校生に行ったアンケート調査によると、現在の普及度は16％ほどだそうです。つまり、イノベーター理論によると、急拡大をするのか、ポシャってしまうのかの分岐点に立っているのです。

　すでに16％の普及度なのだから、あとほんのちょっとの拡大で大ヒットの基準をクリアしそうな感じがするかもしれません。しかし、それは容易ではないのです。

　実は、アーリーアダプターからアーリーマジョリティへと普及度が高まる過程には、大きな「キャズム」といわれる越え難い裂け目が存在することを経営コンサルタントのジェフリー・A・ムーアは指摘しました。

　一方、番組のアンケートでは、同世代の高校生の90％以上が、腰パンを支持していないとの結果も出ました。そして、興味深いことに、こうした結果を現在、腰パンファッションを続ける男子高校生達に伝えたところ、それでも腰パンを続けると答えたのは、わずか6.4％でした。

　昨今、日本の青年は、草食系男子という性格づけが一般化するように、大人しく、優しくなっているようです。それゆえなのか、成立の経緯から反抗や反発の象徴であった腰パンは、受け入れられなくなっているのでしょう。腰パンはキャズムを乗り越えられないように思います。

第VII章

流通の効率を高める

63 B2B取引とB2C取引
事業者と最終消費者向けのネット商行為

> インターネット上にはさまざまなeコマースが存立しています。そこで事業者同士が行っている商行為をB2B取引、事業者と最終消費者が行っている商行為をB2C取引といいます。

B2Bは着実な発展を遂げていますが、B2Cは2000年のネットバブルの崩壊に象徴されるように、雨後の筍のように参入した多くの企業が苦汁をなめました。なぜB2Bは順調で、B2Cは難しいのでしょうか。

B2Bは、事業者間の取引ですから1回当たりの取引単位が大きく、当然、物流面でのスケールメリットがききます。また電子的に商取引を済ませれば、従来行われてきた商談、交渉などの面倒な手続きが必要なくなり、かつ取引の速度が速くなることからローコスト化に寄与します。

これに対してB2Cは、買手が最終消費者で同一の製品の購買量は限定されています。また、地理的に大量分散しており、製品当たりの物流コストの負担は大きくなります。

ただし、低価格というメリットは享受できなくても、いわゆるレアものや海外でしか買えないもの、地酒のような「特定の場所」でしか手に入らないようなものの場合には、B2Cを利用する価値が出てきます。

また、物流を伴わない商品の場合には確実にメリットがあります。音楽や画像のダウンロード、株のオンライン・トレードやネット・バンキング、旅行やチケットの予約などでは手間がかからず、迅速で便利な取引ルートになります。

B2B取引とB2C取引の相違点

	B2B取引	B2C取引
取引単位	大 口	小 口
単位取引コスト	低 い	高 い
取引対象	集 中	分 散
取引速度	速 い	遅 い

B2C取引に向く製品

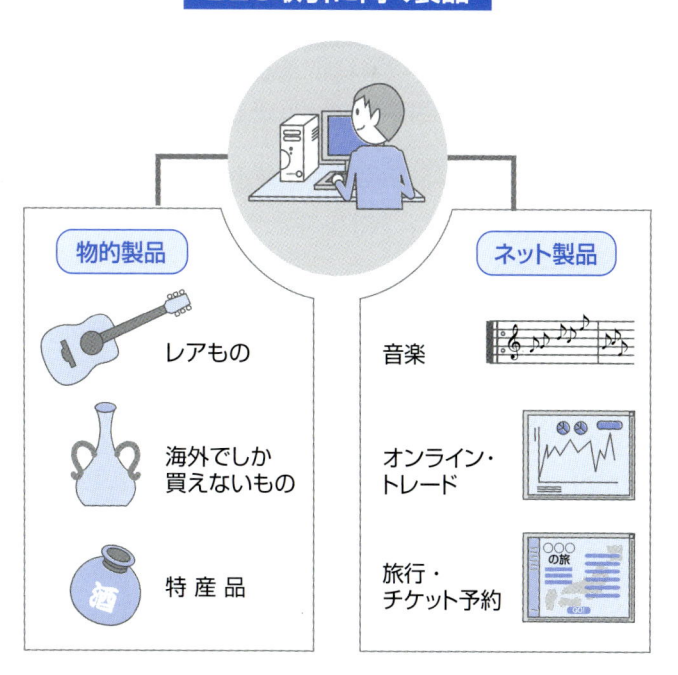

物的製品
- レアもの
- 海外でしか買えないもの
- 特産品

ネット製品
- 音楽
- オンライン・トレード
- 旅行・チケット予約

64 バーチャル・モール
仮想商店街

> インターネット上には、小売活動を行う多数の電子小売店が開業しています。このような電子小売店が同一のウェブ・サイトに多数集合し、ユーザーに便利な購買機会を提供する仮想の商店街がバーチャル・モールです。

バーチャル・モールにはさまざまのメリットがあります。

1つ目は時空間の随意性です。バーチャル・モールはいわゆるオン・デマンド型で、見たい時に365日24時間いつでも訪店することができ、購買のチャンスを提供してくれます。

2つ目は多様性です。バーチャル・モールは、まさにその言葉の通り仮想の空間上に店舗、商品、取引方法などのデータを用意をしておくだけです。それゆえ、有店舗小売業のような物理的な売場スペースの制約がなく、ユーザーは多様な店舗や品揃えを享受することができます。

3つ目は合理性です。世界中のバーチャル・モールはネットでつながっているため、ユーザーはその中から最も低価格のサイトを選ぶことが可能です。またYahoo!オークションや楽天オークションなどのオークション・サイトを利用して近隣の小売店では得にくい商品を低コストで入手することもできます。

4つ目は匿名性です。ネット購買では直接顔を見られることがないため、自分の条件や趣味にかなう商品を気軽に購入することができます。

しかし、事業者の知名度、代金決済の方法、セキュリティ、言語の壁などの課題も多く、利益を上げるには至っていない事業者も多数存在します。

バーチャル・モールのメリット

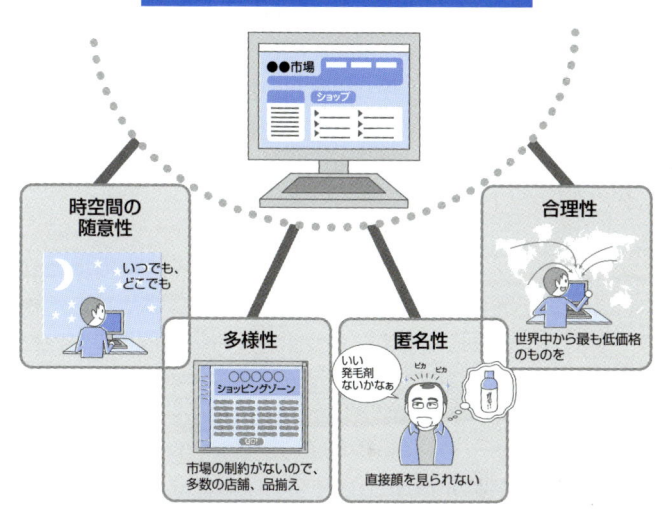

- **時空間の随意性**　いつでも、どこでも
- **多様性**　市場の制約がないので、多数の店舗、品揃え
- **匿名性**　直接顔を見られない
- **合理性**　世界中から最も低価格のものを

バーチャル・モールの課題

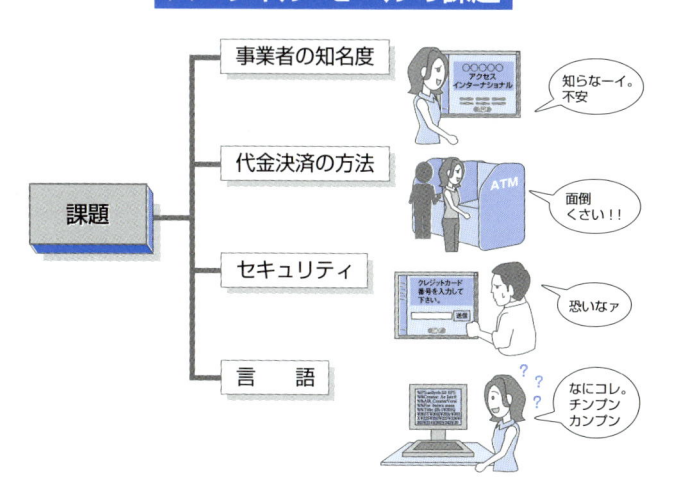

課題
- 事業者の知名度 —— 知らなーイ。不安
- 代金決済の方法 —— 面倒くさい!!
- セキュリティ —— 恐いなァ
- 言　語 —— なにコレ。チンプンカンプン

65 アウトレット・モール
残品処理の商業集積

> アウトレット（outlet）とは、もともと「はけ口」という意味で、残品を格安の値段でさばく小売店舗のことです。このアウトレットが1カ所に集合し、商業集積を形成しているのがアウトレット・モールです。

　一般に、アウトレットはファクトリー・アウトレットとリテール・アウトレットの2つに分類されます。前者は、工場の生産過程や輸送途上で生じたわずかな汚損や破損のついたB級品といわれるもの、あるいは流通業者から返品されてきたものを販売する小売店です。

　また、後者は、小売店頭でファッション衣料のようにシーズン性があり時期がはずれて売り上げが急減したような製品、サイズが大きすぎたり小さすぎたりして売れ残った製品、店頭で展示して消費者が触れた製品などを販売する小売店です。

　価格は、完全な新品と比べると30%から80%程度低く、バブル崩壊以降の日本で好評を博しています。モールとしては1993年に埼玉県大井町に開業したアウトレットモールリズムがはしりで、その翌年大阪の花博跡地に鶴見はなぽーとブロッサムがオープンしました。その後、軽井沢・プリンスショッピングプラザのような有名ブランド・テナントのアウトレットを揃えたモールが登場し、トレンディ・スポットとして一大ブームとなりました。近年も右頁の表に示したようなモールが多数オープンしています。

　ただし、あくまでも残品を処理する小売施設のため、商品に何らかのいわくがあることと、在庫が十分でないなどの欠点があります。

アウトレット品

ファクトリー・アウトレット

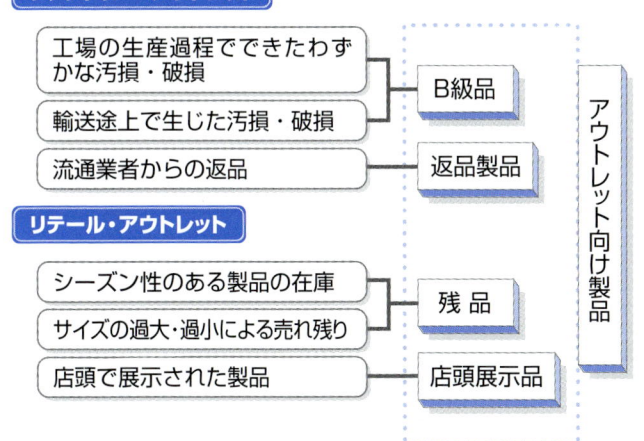

- 工場の生産過程でできたわずかな汚損・破損 ┐
- 輸送途上で生じた汚損・破損 ┘ → **B級品**
- 流通業者からの返品 → **返品製品**

リテール・アウトレット

- シーズン性のある製品の在庫 ┐
- サイズの過大・過小による売れ残り ┘ → **残品**
- 店頭で展示された製品 → **店頭展示品**

→ アウトレット向け製品

国内主要アウトレット・モール年表

1993年	11月	アウトレットモールリズム（埼玉県大井町）
1995年	3月	鶴見はなぽーとブロッサム（大阪市）
1997年	7月	軽井沢・プリンスショッピングプラザ（長野県軽井沢町）
1998年	9月	横浜ベイサイドマリーナショップス&レストランツ（横浜市）
1999年	9月	岸和田カンカンベイサイドモール（大阪府岸和田市）
2000年	4月	グランベリーモール（東京都町田市）
	7月	御殿場プレミアム・アウトレット（静岡県御殿場市）
	10月	ガーデンウォーク幕張（千葉市）
	10月	マリノアシティ（福岡市）
	11月	りんくうプレミアム・アウトレット（大阪府泉佐野市）
2001年	7月	八ヶ岳小淵沢リゾートアウトレットモール（山梨県北巨摩郡小淵沢町）
2002年	3月	ジャズドリーム長島（三重県桑名郡長島町）
2004年	3月	鳥栖プレミアム・アウトレット（佐賀県鳥栖市）
2005年	3月	土岐プレミアム・アウトレット（岐阜県土岐市）
2008年	7月	那須ガーデンアウトレット（栃木県那須塩原市）
2009年	12月	ヴィーナスアウトレット（東京都江東区）
2011年	4月	レイクタウンアウトレット（埼玉県越谷市）

66 キラーテナント
集客効果の高い店舗

> ショッピングセンターやGMS（総合スーパー）では多数の外部のショップが入店します。その中でも消費者からの認知度が高く、集客効果の著しく高い戦略的な店舗がキラーテナントです。

　大型商業施設を新規に作る場合や、既存のショップを入れ替える際に、消費者に人気の高いショップを誘致することが成功の早道です。そのため、ユニクロ、ダイソー、無印良品、コムサ、H&M、マクドナルド、スターバックスコーヒーなどが引っ張りだこの状態になりました。
　これらのショップは集客力が強いので、商業集積全体のテーマやコンセプトにそったものであれば良好な成果を得ることができます。
　しかし、いわゆるキラーテナントといわれる店舗は個性が強く、トータルとしての商業集積のコンセプトと必ずしも合致しない場合が少なくありません。
　また、消費者も選別性が高くなり、目的購買の傾向が強くなってきています。キラーテナントには訪店するけれども他のテナントには立ち寄らないということが多々あります。
　さらに、キラーテナントの大幅な普及は、消費者に飽きられてしまう可能性もあります。過去の実績があるショップはディベロッパーにとって収益面で安心のテナントであり、多くの商業集積に入店しています。その結果、商業集積の同質化が発生しています。
　ディベロッパーは過去の実績だけでなく、潜在力を考慮したショップを探索し、入店させる必要があるでしょう。

キラーテナントの主な特徴

価格
- 低価格
- リーズナブル価格
- 単一価格

品揃え
- 豊富
- 個性的

雰囲気
- アットホーム
- おしゃれ
- 清潔

サービス
- シンプル
- フレンドリー
- マン・ツー・マン

→ キラーテナントの魅力・個性

キラーテナントの問題点

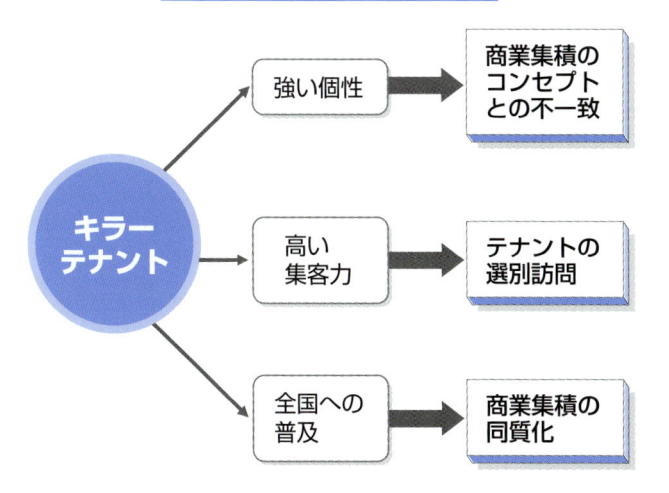

キラーテナント
- 強い個性 → 商業集積のコンセプトとの不一致
- 高い集客力 → テナントの選別訪問
- 全国への普及 → 商業集積の同質化

67 インストア・マーチャンダイジング
成果の上がる売場作り

> われわれが小売店で物を買う時、販売されている商品の陳列の方法、POP広告などに影響を受けます。限られた店内で最も生産性の高い売場作りを目指すことをインストア・マーチャンダイジングといいます。

われわれの購買は通常、非計画的なもので、かなりアバウトになされます。小売店舗内に入る前に購買する商品をブランド名まで決めていることはあまりありません。実際に売場を見て目立つところにある物、特売されている物、店員が推奨した物などをしばしば購入します。

逆に消費者が購買したい商品を事前に決めていたとしても、それがたまたま店内になかったり、目につくところに置いてなかったりして購買に結びつかないということがあります。消費者にとって買いやすく、魅力的な店作りがいかに重要かわかります。

インストア・マーチャンダイジングは商品面、陳列面、販促面から最も成果の上がる店作りを実現しようとする考え方です。商品面では主にPOSデータを活用して立地エリアの消費者が求める商品および売価を決定します。

陳列面では消費者の買い物目線を考えたゴンドラの配置やプラノグラム（69参照）を決定します。

販促面ではPOP広告や接客、店内説明、試食などを行います。これらを洗練し、適切にミックスすることによって、消費者には魅力的な店舗形成がなされ、小売業者には売場生産性が上がり、店舗資源の有効活用がなされるのです。

インストア・マーチャンダイジングの必要性

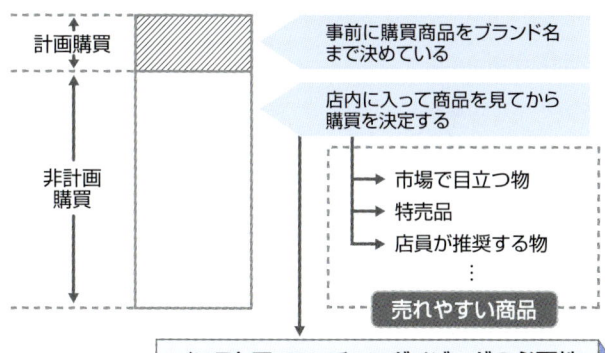

- 計画購買 ← 事前に購買商品をブランド名まで決めている
- 非計画購買 ← 店内に入って商品を見てから購買を決定する
  - → 市場で目立つ物
  - → 特売品
  - → 店員が推奨する物
  - …

売れやすい商品

インストア・マーチャンダイジングの必要性
買いやすく、魅力的な店作り

インストア・マーチャンダイジングの方法

インストア・マーチャンダイジング

商品面
POSデータの活用による、商品決定、売価決定 など

4 9015480348 6151

売れ筋　死に筋

陳列面
買い物目線を考えた、ゴンドラ配置、プラノグラム決定 など

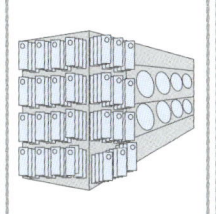

販促面
POP広告、
接客、
試食
など

試食コーナー

68 VMD
見た目の効果的演出

> 小売店舗はそれぞれ個性があり、美しい店、重厚な店など、さまざまな印象を与えます。われわれの視覚に訴える店舗レイアウトや品揃え、什器や備品、POPなどの演出をビジュアル・マーチャンダイジング（VMD）といいます。

われわれは、五感から得られる情報のうち80％以上を視覚から得ています。その意味で、視覚面で適切な情報提供をすることが極めて重要といえます。

ビジュアル・マーチャンダイジングは、小売企業の理念、ストア・コンセプトなどに基づき、店舗を視覚面で効果的に演出し、消費者をスムーズに購買へと導くための方法論です。具体的な取り組みとしては次のようなものがあります。

①商品演出　演出コンセプトに基づき、商品の彩りやサイズ、重量などを考えた陳列を行います。

②空間演出　陳列の什器の高さや色、天井高、通路の幅なども考慮します。什器の材質にもこだわる場合があります。

③販促演出　POPや店舗案内の配置、マネキンなどを考慮して消費者にとって選択しやすく、魅力的な売場を作ります。

④装飾演出　売場を華やかにする造花、その他の装飾のための備品類などの適切な配置を行って、消費者の情緒性に訴えかける売場演出を行います。

ビジュアル・マーチャンダイジングは、百貨店によるシーン・マーケティングという形で比較的古くから行われていますが、現在ではスーパー、コンビニを含めてさまざまな小売業態で実践されるようになっています。

VMDの考え方

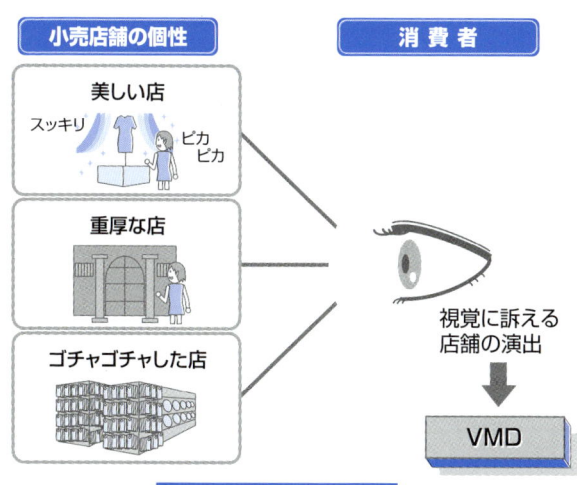

小売店舗の個性

- 美しい店（スッキリ／ピカピカ）
- 重厚な店
- ゴチャゴチャした店

消費者

視覚に訴える店舗の演出

→ VMD

VMDの取り組み

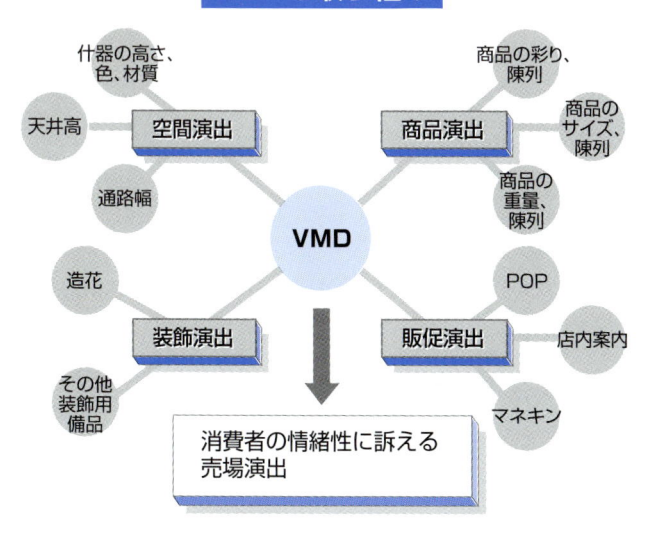

- **空間演出**
  - 什器の高さ、色、材質
  - 天井高
  - 通路幅
- **商品演出**
  - 商品の彩り、陳列
  - 商品のサイズ、陳列
  - 商品の重量、陳列
- **装飾演出**
  - 造花
  - その他装飾用備品
- **販促演出**
  - POP
  - 店内案内
  - マネキン

VMD → 消費者の情緒性に訴える売場演出

69 プラノグラム
成果の上がる棚割り計画

> 同じ商品が同じ価格で販売されていても陳列の仕方次第で売り上げに違いが出ることがあります。1つのゴンドラの中で収益が最大になるような効果的な商品の棚割り計画のことをプラノグラムといいます。

インストア・マーチャンダイジングのところで述べたように、一般の消費者の購買は、大部分が非計画購買で小売店舗に行く前にブランドまで決めていることはあまりありません。このような消費者を前提にした場合、商品の見やすさ、買いやすさを考えることが大変重要になります。

プラノグラムとは、ゴンドラごとに陳列すべき製品のサイズ、色、メーカー、過去の販売実績、消費者の購買の利便性などを考慮して収益が最大化するような棚割り計画のことです。

実際、消費者の購買には、目線よりわずか下の高さの商品がよく売れたり、右側に配置した商品のほうが売れ行きがよかったりという法則があります。

また、物理的な商品特性に基づくのではなく、生活シーンに基づいて商品の陳列を行うと、関連購買が高まるということがあります。

現在はプラノグラムを実行するソフトも高度化しており、カラーグラフィックスによって店舗の実際のゴンドラをみるように商品陳列のシミュレーションを行えます。正面からだけでなく、ディスプレー上で、消費者の目線と同様に三次元でも表現することができ、より現実に近い形での効果的な棚スペースの配分計画が立てられるようになっています。

プラノグラムの考え方

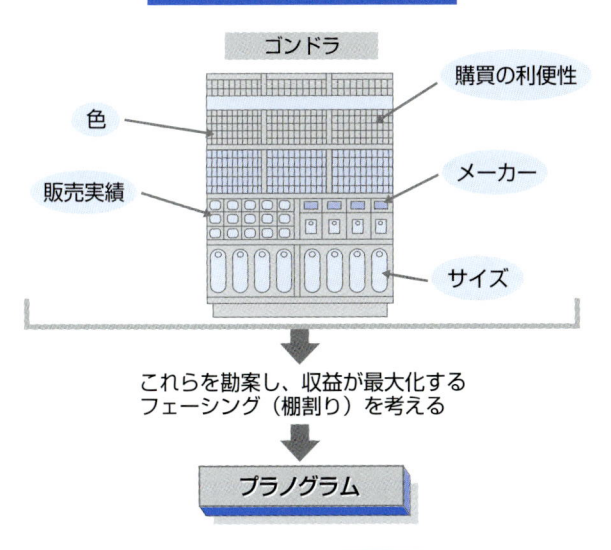

ゴンドラ
- 購買の利便性
- 色
- 販売実績
- メーカー
- サイズ

↓

これらを勘案し、収益が最大化する
フェーシング（棚割り）を考える

↓

プラノグラム

店内の購買の法則

| 目線よりわずか下の商品がよく売れる | 右側配置の商品がよく売れる | シーン陳列で関連購買が高まる |

これらを踏まえた適切なプラノグラムの
実行が必要

70 ABC分析
科学的在庫管理

> どの企業でもある程度の在庫は確保しておかなければなりませんが、企業の成果への寄与度が高い在庫品とそうでない在庫品とがあります。これらを客観的に把握し、適切な在庫管理を行う手法がABC分析です。

　日本のように人口のわりに土地が狭く、地価の高い国では広い在庫スペースを確保することは難しい情勢にあります。売れ行きのよい製品は欠品のないように適度に在庫をし、相対的に売れ行きの劣るものは在庫量を少なくしたり、店頭の在庫のみにするといった取り組みが、高成果、高効率のために不可欠です。

　ABC分析は、無駄を排除し、成果の上がる在庫管理を行うために米国GE社のH・F・ディナーによって1951年に定式化されたものです。具体的な方法は、横軸に売上高の高い品目から順番に並べ、縦軸に累積売上高の構成比を出します。

　在庫された商品の売上高が品目によってそれほど違いがなければ、累積構成比を表すグラフはほぼ直線状態になります（右図1）。少数の非常に売れ行きのよい品目があると累積売上高のグラフは左上部にたわんできます（右図3）。

　通常、累積売上構成比が70％を占める品目がA、90％までの品目をB、それ以外の品目をCと区分します。A品目は、成果への寄与度が大きい重要商品なのでバックヤードへの在庫や必要量の発注に気を配ります。これに対し寄与度の低いCにランクされる品目は在庫対象から除外され、取り扱いを継続するかどうかの検討対象になります。

ABC分析（在庫品目の状態）

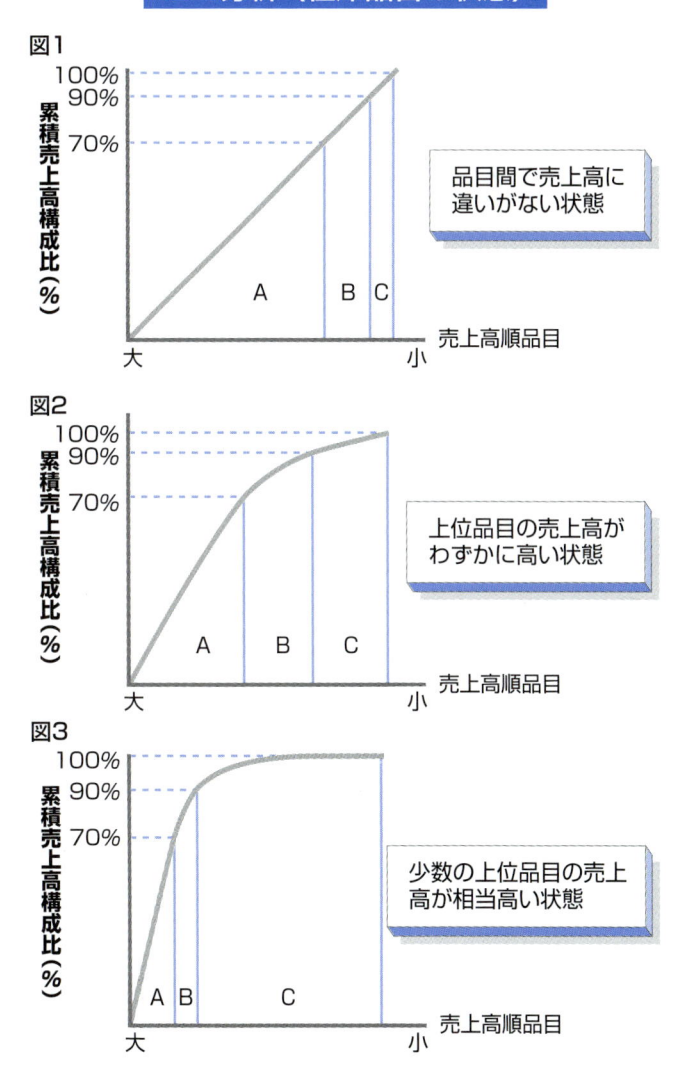

図1

縦軸：累積売上高構成比（%）（100%、90%、70%）
横軸：売上高順品目（大→小）
区分：A、B、C

→ 品目間で売上高に違いがない状態

図2

縦軸：累積売上高構成比（%）（100%、90%、70%）
横軸：売上高順品目（大→小）
区分：A、B、C

→ 上位品目の売上高がわずかに高い状態

図3

縦軸：累積売上高構成比（%）（100%、90%、70%）
横軸：売上高順品目（大→小）
区分：A、B、C

→ 少数の上位品目の売上高が相当高い状態

ジャスト・イン・タイム物流
指定時間配送

> ビジネスにおいて時間の概念は極めて重要です。企業が必要とする部品や製品を、必要な時に、必要な場所へ、必要な量だけ届ける配送システムのことをジャスト・イン・タイム物流といいます。

指定場所に定時に納品されるトヨタのカンバン方式はあまりにも有名です。これはメーカーの生産プロセスの進行に合わせて「カンバン」という納品帳票を記したカードに基づいて部品を届け、無用の在庫を発生させないシステムです。

これは小売業でも応用され、とくにコンビニエンスストアでは限られた陳列スペースにPOSデータから得られた単品販売情報をもとに少量多品種の納品がなされます。

この業態はバックヤードの容量が小さいため大量の在庫は置けません。しかし、店頭での欠品はチャンス・ロスを起こしてしまいます。そのために逐次的な発注がなされ、指定時刻に合わせた多頻度の配送が行われています。

コンビニの急拡大期にあったバブル期には、小型トラックによる交通渋滞やコンビニ店前での搬入作業による進路妨害、さらには急拡大する需要によるトラック作業員の労働力不足の問題、環境問題などがクローズアップされ、システムの見直しが迫られました。

今日では、時間はコストであり、タイムリーであることはビジネスの必要条件と化しています。高度化する情報技術と物流技術の的確なコンビネーションによりジャスト・イン・タイム物流はすでにインフラとなっているのです。

ジャスト・イン・タイム物流の登場

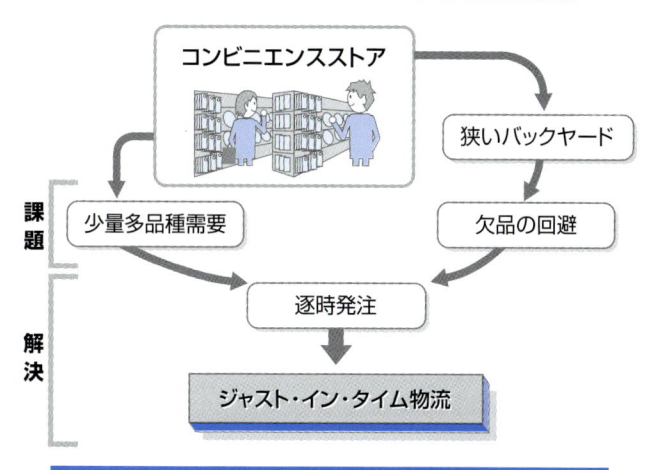

```
        コンビニエンスストア
          /          \
         /            \
   少量多品種需要    狭いバックヤード
課題                      ↓
                      欠品の回避
   ─────────────────────
          逐時発注
            ↓
解決   ジャスト・イン・タイム物流
```

小口多頻度物流の問題点（コンビニの例）

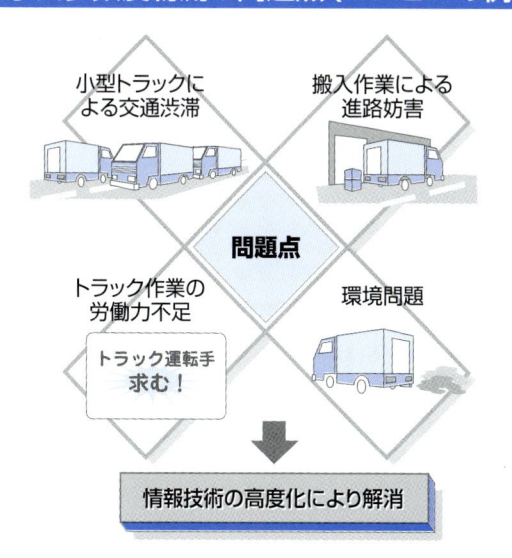

- 小型トラックによる交通渋滞
- 搬入作業による進路妨害
- トラック作業の労働力不足（トラック運転手求む！）
- 環境問題

問題点

↓

情報技術の高度化により解消

72 3PL（サードパーティー・ロジスティクス）
第三者物流

> グローバル化やeマーケット・プレイスが普及するに従い、物の移動も広範になってきました。これに乗じて、コーディネーション力・提案力だけを武器に物流システムを代行する事業者のことを3PLといいます。

通常、どの企業も程度の差はあれ物流機能を有しています。卸はもとよりメーカーや小売業者も倉庫やバックヤードなどの保管施設、トラック、ライトバンのような輸送機器を所持しています。これらが物流の第一主体になります。

これに対して物の移動のみを専門に行う運送会社のような物流専業者がいます。彼らが第二主体です。

そして第三主体に当たるのが3PLです。彼らは企業の手に余る物流問題を解決するアウトソーシング機関です。ただし、彼らが物流専業者と異なるのは、企業への総合的な物流システムの企画・提案が主業務であるため、自前の倉庫や輸送機器をほとんど持たない点にあります。ユーザー企業のニーズに合わせて、既存の運送会社の中から最適な組み合わせを提案し、実行させるのです。

彼らは、いわゆる「運送」という人的業務で収益を上げようというのではなく、情報システムを駆使し、コーディネーション力と提案力で利益を得るのです。

サービス経済化がいよいよ本格化し、アウトソーシングということがビジネスの大きな一角を形成するに及んで、このような事業も成り立つ可能性が出てきました。しかし、現実には旧来からの物流専業者の新規ビジネスの一環という性格が強いようです。

物流の主体

- **第一主体**: すべての企業（どんな企業でも最低限の物流機能を有している）
- **第二主体**: 物の移動を専門に行う物流専業者
- **第三主体**: 物流問題を解決するアウトソーシング機関 ＝3PL

3PLと物流専業者の違い

	3PL	物流専業者
主要業務	物流システムの企画・提案	輸送
物流機器	ほとんどなし	あり
物流施設	ほとんどなし	あり
競争力	コーディネーション力	物流力
物の移動範囲	広範	限定

73 自動物流センター
効率的な在庫管理施設

> 製品の欠品や過剰在庫を起こさないために、オンラインのコンピュータ情報システムをインフラとして、搬入、保管、搬出をほとんどすべて機械で処理するシステムを自動物流センターといいます。

　今日、製品の適時適配の要請や小売店舗のバックヤードの在庫制約から、科学的管理のなされる物流システムが要請されています。その要請に応えるのが自動物流センターであり、コアの施設が立体自動倉庫です。

　これは、製品に添付されたバーコードに基づいて、検品、格納、ピッキング、仕分け、出荷までのプロセスがほとんど機械化され、自動的に作業が進むシステム化された保管施設です。

　構造的には製品の搬入・搬出を行う入出庫台、製品の格納・保存を行うためのラック、そして各ラックの適切な場所に製品を移動させ、そこに機械的に詰め込むスタッカークレーンで構成されています。

　ラックには倉庫の骨格を構成する高層のビル式ラック、低層で小規模なユニット式ラック、ラック自体が楕円形のレールの下を回転する回転式ラックなどがあります。

　これらの設備を中核とする自動物流センターは、業務の機械化によって人件費コストを大幅に削減することができると同時に、今日のような多品種少量消費の時代にスピーディーで正確な在庫管理を実現できます。また、わが国のような地価の高い国では空間の有効活用によるコスト低減のメリットも少なくありません。

自動物流センターのプロセス

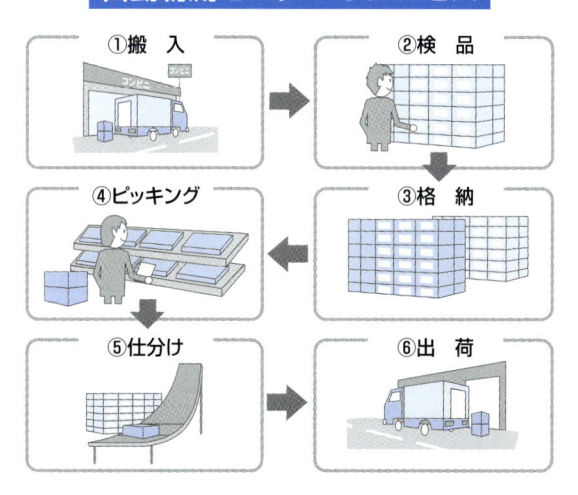

①搬入 → ②検品 → ③格納 → ④ピッキング → ⑤仕分け → ⑥出荷

自動物流センターのメリット

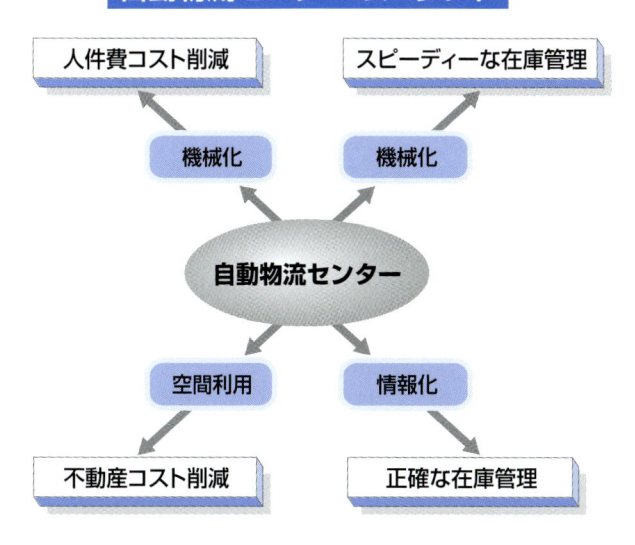

- 機械化 → 人件費コスト削減
- 機械化 → スピーディーな在庫管理
- 空間利用 → 不動産コスト削減
- 情報化 → 正確な在庫管理

74 情報武装型コンビニ
クリック・アンド・モルタルの実践主体

> 購買の利便性を武器にコンビニエンスストアは大きな成長を遂げてきました。POSシステムに加え、eコマースに取り組み、クリック・アンド・モルタル（13参照）を実践するコンビニエンスストアを情報武装型コンビニといいます。

情報武装型コンビニとして最も有名なのはセブン-イレブン・ジャパンです。同社は1982年にマーチャンダイジングの分野で世界で初めてPOSデータを活用しています。これにより売れ筋や死に筋などの把握が的確に行えるようになり、年間で約7割の商品が入れ替わるといわれています。

同社は2000年2月にNEC、NRI、ソニー、三井物産、JTB、キノトロープなどとセブンドリーム・ドットコムを立ち上げ、同年7月からeコマース事業を開始しています。CD、DVD、ゲーム、パソコン、旅行、レジャー、書籍、ファッション製品、おもちゃ、ホビー、保険、通信講座、資格検定など多様な商品、サービスの販売窓口となっています。

ユーザーは、インターネットを通じてこれらの製品やサービスを注文することができます。

たとえば書籍の購入を申し込むと、身近のセブン-イレブンの店舗で商品を受け取ったり、宅配便で自宅に配達してもらうことができます。支払いも、セブン-イレブンの店舗での前払いや引き換え払い、宅配での代引きなどニーズに応じた方法を選択できるのです。

ネットでの注文と店舗での受け取り、代金決済が自分の都合のよい時にできるので、ユーザーにとって利便性の高いクリック・アンド・モルタルの実現といえるでしょう。

情報武装型コンビニのメリット

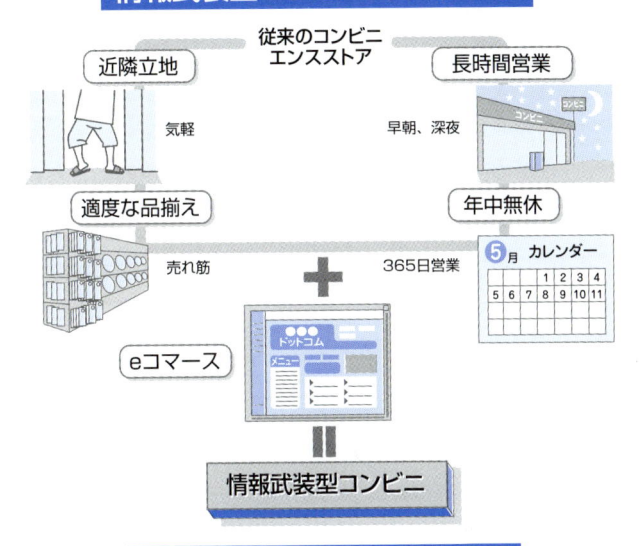

従来のコンビニエンスストア

- 近隣立地 — 気軽
- 長時間営業 — 早朝、深夜
- 適度な品揃え — 売れ筋
- 年中無休 — 365日営業

＋

eコマース

＝

情報武装型コンビニ

情報武装型コンビニの仕組み

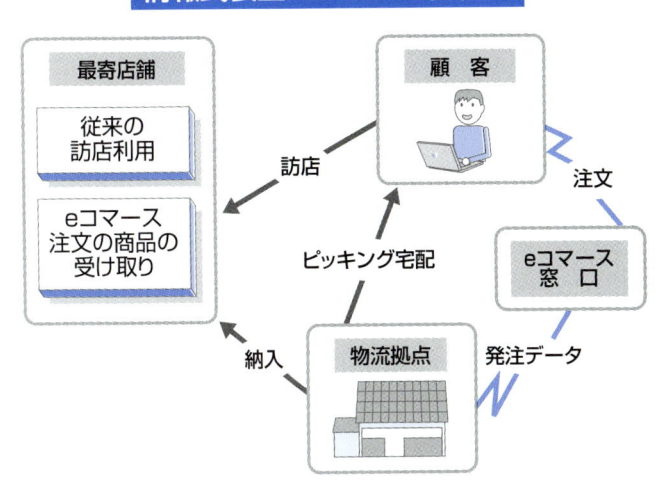

- 最寄店舗
  - 従来の訪店利用
  - eコマース注文の商品の受け取り
- 顧客
- eコマース窓口
- 物流拠点

関係：訪店、注文、ピッキング宅配、発注データ、納入

75 カテゴリー・マネジメント
消費者起点の売場商品管理

> 小売店頭で成果を上げる商品管理を行う際には、消費者の購買の利便性の実現が第一義になります。そのために一定の商品のくくりごとに売場を管理することをカテゴリー・マネジメントといいます。

　小売店内の陳列スペースで商品の品揃えやレイアウトを管理する場合に、商品を物理・化学的性質、サイズ、重量などの物的な特性でジャンル分けし、単品ベースで行うことがしばしばあります。

　しかし、消費者の利便性や満足という視点に立ってみると、たとえば生活シーンに基づいて店頭マーチャンダイジングがなされることが重要な場合があります。

　カテゴリー・マネジメントは、売場での商品管理の対象を物的な特性に基づく単品から、消費者のニーズに基づく商品カテゴリーへと拡大しました。これを戦略的事業単位として売場生産性をチェックし、効率的に売り上げや利益を上げていこうとする管理技法です。

　小売店頭でのPOSシステムが進歩し、オンライン化が普及することによって、小売業とメーカーがデータを共有し、ともに協調し合って消費者起点の成果の上がる売場作りを行える環境が整ってきました。

　1990年代初頭から無駄のない商品フローを実現するためにECR（28参照）という考え方が登場しましたが、カテゴリー・マネジメントはその心臓ともいえる中心機能で、需給のマッチングを図る重要な役割を担っています。

小売店のスペース管理

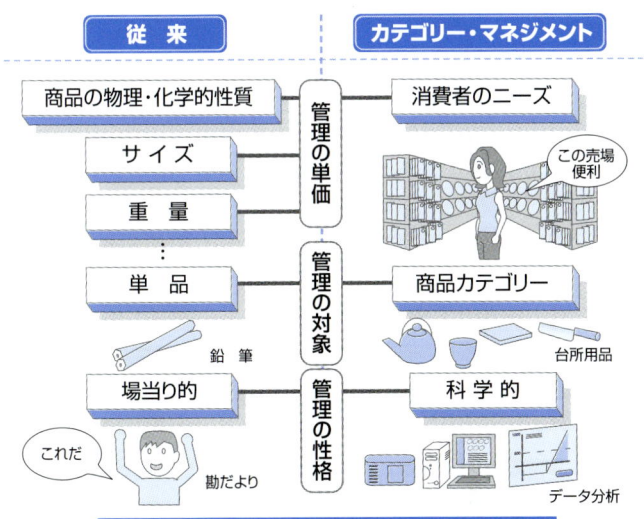

	従来		カテゴリー・マネジメント
	商品の物理・化学的性質	管理の単価	消費者のニーズ
	サイズ		
	重量		
	単品	管理の対象	商品カテゴリー
	鉛筆		台所用品
	場当り的	管理の性格	科学的
	勘だより（これだ）		データ分析

ECRとカテゴリー・マネジメント

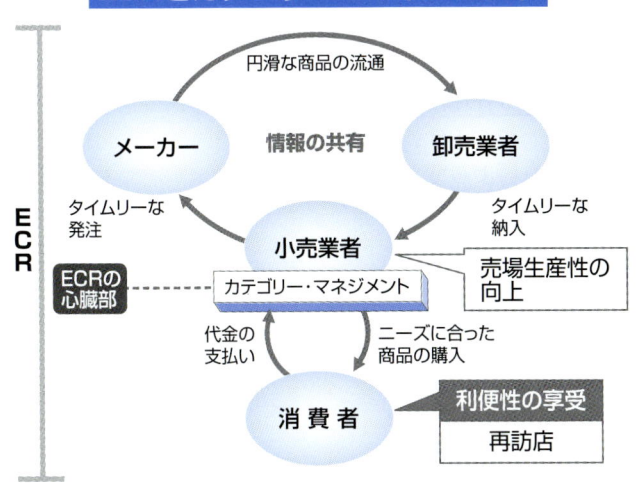

- 円滑な商品の流通
- 情報の共有
- メーカー ／ 卸売業者 ／ 小売業者 ／ 消費者
- タイムリーな発注
- タイムリーな納入
- 売場生産性の向上
- ECRの心臓部 → カテゴリー・マネジメント
- 代金の支払い
- ニーズに合った商品の購入
- 利便性の享受
- 再訪店

Coffee Break
高齢化社会と移動販売

　近年、移動販売が増えてきました。コンビニエンスストアが食料品や日用品を軽自動車に乗せて販売したり、化粧品メーカーが大型バスを改造して「移動するブティック」を実現したりしています。

　このようなブームの背景には、高齢化社会の定着による買い物弱者の増加があります。また、長引く不況によって、小売業の廃業・撤退は、規模の大小を問わず起こっています。

　つまり、高齢者の増加と居住地近隣の小売店の減少という過酷なダブルパンチによって、買い物弱者は増加の一途をたどっているのです。経済産業省によると、現在、買い物弱者の数は日本全国で600万人にも上るといいます。

　これまではコストの面から尻込みされていたこの種の移動販売という取り組みが、今日積極化している背景には、こうした事情があるのです。

　しかし視点を変えれば、それはすなわち、買い物弱者にきちんと対応するサービスを行えば、そこに少なからぬ利用者がいて、マーケットが成立し、拡大するということを意味しているともいえます。

　事実、移動販売での客単価は、小売店舗での客単価よりも高いという話をしばしば聞きます。購買後の運搬の手間が軽減されるので、必要なもの、目についた欲しいものをすべて買ってしまうからだと思われます。また、買い物弱者の中でもとりわけ多い高齢者には、金銭的に余裕のある人が多く、企業の側から積極的にこのような人々にアプローチすることにより、相応の購買をしてもらえるという理由もあります。

日経文庫案内 (1)

〈A〉 経済・金融

1. 経済指標の読み方(上) 日本経済新聞社
2. 経済指標の読み方(下) 日本経済新聞社
3. 貿易の知識 小峰隆夫
5. 外国為替の実務 三菱UFJリサーチ&コンサルティング
6. 貿易為替用語辞典 東京リサーチインターナショナル
7. 外国為替の知識 国際通貨研究所
8. 金融用語辞典 深尾光洋
14. 手形・小切手の常識 井上俊剛
15. 生命保険の知識 ニッセイ基礎研究所
18. リースの知識 宮内義彦
19. 株価の見方 日本経済新聞社
21. 株式用語辞典 日本経済新聞社
22. 債券取引の知識 堀之内・武内
24. 株式公開の知識 加藤・松野
26. EUの知識 藤井良広
30. 不動産評価の知識 武田公夫
32. 不動産用語辞典 日本不動産研究所
33. 介護保険のしくみ 牛越博文
34. 保険の知識 真屋尚生
35. クレジットカードの知識 水上宏明
36. 環境経済入門 三橋規宏
40. 損害保険の知識 玉村勝彦
42. 証券投資理論入門 大村・俊野
44. 証券化の知識 大橋和彦
45. 入門・貿易実務 椿弘次
46. PFIの知識 野田由美子
47. デフレとインフレ 内田真人
48. わかりやすい企業年金 久保知行
49. 通貨を読む 滝田洋一
51. 日本の年金 藤本健太郎
52. 石油を読む 藤和彦
53. 株式市場を読み解く 前田昌孝
54. 商品取引入門 日本経済新聞社
55. 日本の銀行 笹島勝人
56. デイトレード入門 廣重勝彦
57. 有望株の選び方 鈴木一之
58. 中国を知る 遊川和郎
59. 株に強くなる 投資指標の読み方 日経マネー
60. 信託の仕組み 井上聡
61. 電子マネーがわかる 岡田仁志
62. 株式先物入門 廣重勝彦
63. 排出量取引入門 三菱総合研究所
64. FX取引入門 廣重・平田
65. 資源を読む 柴田明夫・丸紅経済研究所
66. PPPの知識 町田裕彦
67. エネルギーを読む 芥田知至
68. アメリカを知る 実哲也
69. 食料を読む 鈴木・木下
70. ETF投資入門 カン・チュンド
71. レアメタル・レアアースがわかる 西脇文男

〈B〉 経営

9. 経営計画の立て方 神谷・森田
11. 設備投資計画の立て方 久保田政純
13. 研究開発マネジメント入門 今野浩一郎
17. 現代の生産管理 小川英次
18. ジャスト・イン・タイム生産の実際 平野裕之
23. コストダウンのためのIE入門 岩坪友義
25. 在庫管理の実際 平野裕之
28. リース取引の実際 森住祐治
30. 会社のつくり方 成毛眞
32. 人事マン入門 桐村晋次
33. 人事管理入門 今野浩一郎
34. 能力主義人事の手引 竹内裕
36. 賃金決定の手引 笹島芳雄
38. 人材育成の進め方 桐村晋次
41. 目標管理の手引 金津健治
42. OJTの実際 寺澤弘忠
43. 管理者のためのOJTの手引 寺澤弘忠
47. コンサルティング・セールスの実際 山口弘明
48. 新入社員のための営業マン入門 山口裕
49. セールス・トーク入門 笠巻勝利
51. リサイクルの知識 萩原・指田
53. ISO9000の知識 中條武志
56. キャッシュフロー経営入門 中沢・池田
57. NPO入門 山内直人
58. M&A入門 北地・北爪
61. サプライチェーン経営入門 藤野直明
63. クレーム対応の実際 中森・竹内

日経文庫案内 (2)

64 アウトソーシングの知識	妹尾雅夫	
65 グループ経営の実際	寺澤直樹	
66 人事アセスメント入門	二村英幸	
68 人事・労務用語辞典	花見忠／日本労働研究機構	
70 製品開発の知識	延岡健太郎	
71 コンピテンシー活用の実際	相原孝夫	
73 ISO14000入門	吉澤正	
74 コンプライアンスの知識	髙巖	
75 持株会社経営の実際	武藤泰明	
76 人材マネジメント入門	守島基博	
77 チームマネジメント	古川久敬	
78 日本の経営	森一夫	
79 IR戦略の実際	日本IR協議会	
80 パート・契約・派遣・請負の人材活用	佐藤博樹	
81 知財マネジメント入門	米山・渡部	
82 CSR入門	岡本享二	
83 成功するビジネスプラン	伊藤良二	
84 企業経営入門	遠藤功	
85 はじめてのプロジェクトマネジメント	近藤哲生	
86 人事考課の実際	金津健治	
87 TQM品質管理入門	山田秀	
88 品質管理のための統計手法	永田靖	
89 品質管理のためのカイゼン入門	山田秀	
90 営業戦略の実際	北村尚夫	
91 職務・役割主義の人事	長谷川直紀	
92 バランス・スコアカードの知識	吉川武男	
93 経営用語辞典	武藤泰明	
94 技術マネジメント入門	三澤一文	
95 メンタルヘルス入門	島悟	
96 会社合併の進め方	玉井裕子	
97 購買・調達の実際	上原修	
98 中小企業のための事業承継の進め方	松木謙一郎	
99 提案営業の進め方	松丘啓司	
100 EDIの知識	流通システム開発センター	
101 タグチメソッド入門	立林和夫	
102 公益法人の基礎知識	熊谷則一	
103 環境経営入門	足達英一郎	
104 職場のワーク・ライフ・バランス	佐藤・武石	
105 企業審査入門	久保田政純	
106 ブルー・オーシャン戦略を読む	安部義彦	
107 パワーハラスメント	岡田・稲尾	
108 スマートグリッドがわかる	本橋恵一	

〈C〉 会計・税務

1 財務諸表の見方	日本経済新聞社	
2 初級簿記の知識	山浦・大倉	
4 会計学入門	桜井久勝	
12 経営分析の知識	岩本繁	
13 Q&A経営分析の実際	川口勉	
18 月次決算の進め方	金児昭	
21 資金繰りの手ほどき	細野康弘	
23 原価計算の知識	加登・山本	
30 英文簿記の手ほどき	小島義輝	
31 英文会計の実際	小島義輝	
37 入門・英文会計(上)	小島義輝	
38 入門・英文会計(下)	小島義輝	
41 管理会計入門	加登豊	
46 コストマネジメント入門	伊藤嘉博	
47 連結納税の知識	玉澤・上原	
48 時価・減損会計の知識	中島康晴	
49 Q&Aリースの会計・税務	井上雅彦	
50 会社経理入門	佐藤裕一	
51 企業結合会計の知識	関愛子	
52 退職給付会計の知識	泉本小夜子	
53 会計用語辞典	片山・井上	
54 内部統制の知識	町田祥弘	
55 予算管理の進め方	知野・日高	
56 減価償却がわかる	都・手塚	

〈D〉 法律・法務

2 会社法務入門	堀・淵邊	
3 部下をもつ人のための人事・労務の法律	安西愈	

4 人事の法律常識	安 西 　 愈
6 取締役の法律知識	中 島 　 茂
8 担保・保証の実務	岩 城 謙 二
11 不動産の法律知識	鎌 野 邦 樹
13 Q&Aリースの法律	伊 藤・川 畑
14 独占禁止法入門	厚 谷 襄 児
15 知的財産権の知識	寒河江 孝 允
16 就業規則の知識	外 井 浩 志
19 Q&A　PLの実際	三 井・相 澤
20 リスクマネジメントの法律知識	長谷川 俊 明
21 総務の法律知識	中 島 　 茂
22 環境法入門	畠山・大塚・北村
24 株主総会の進め方	中 島 　 茂
25 Q&A「社員の問題行動」対応の法律知識	山 田 秀 雄
26 個人情報保護法の知識	岡 村 久 道
27 倒産法入門	田 頭 章 一
28 銀行の法律知識	階 ・ 渡 邉
29 債権回収の進め方	池 辺 吉 博
30 金融商品取引法入門	黒 沼 悦 郎
31 会社法の仕組み	近 藤 光 男
32 信託法入門	道垣内 弘 人
33 労働契約法入門	山 川 隆 一
34 労働契約の実務	浅 井 　 隆
35 不動産登記法入門	山野目 章 夫
36 保険法入門	竹 濱 　 修

〈E〉 流通・マーケティング

5 物流の知識	宮 下・中 田
6 ロジスティクス入門	中 田 信 哉
13 マーケティング戦略の実際	水 口 健 次
16 ブランド戦略の実際	小 川 孔 輔
17 マーケティング・リサーチ入門	近 藤 光 雄
20 エリア・マーケティングの実際	米 田 清 紀
23 マーチャンダイジングの知識	田 島 義 博
32 マーケティングの知識	田 村 正 紀
33 商品開発の実際	高 谷 和 夫
34 セールス・プロモーションの実際	渡 辺・守 口
35 マーケティング活動の進め方	木 村 達 也
36 売場づくりの知識	鈴 木 哲 男
38 チェーンストアの知識	鈴 木 　 豊
39 コンビニエンスストアの知識	木 下 安 司
40 CRMの実際	古 林 　 宏
41 マーケティング・リサーチの実際	近 藤・小 田
42 接客販売入門	北 山 節 子
43 フランチャイズ・ビジネスの実際	内 川 昭比古
44 競合店対策の実際	鈴 木 哲 男
45 インターネット・マーケティング入門	木 村 達 也
46 マーケティング用語辞典	和田・日本マーケティング協会
47 ヒットを読む	品 田 英 雄
48 小売店長の常識	木 下・竹 山
49 ロジスティクス用語辞典	日通総合研究所
50 サービス・マーケティング入門	山 本 昭 二
51 顧客満足［CS］の知識	小 野 譲 司
52 消費者行動の知識	青 木 幸 弘

野口智雄 (のぐち・ともお)

早稲田大学社会科学総合学術院教授。
1956年東京都生まれ。1984年一橋大学大学院商学研究科博士課程単位取得。横浜市立大学助教授、早稲田大学助教授を経て、1993年から現職。2006年3月から2008年3月までスタンフォード大学経済学部にて、客員研究員として米国のマーケティング、流通の研究を行う。
主な著書に『水平思考で市場をつくる マトリックス・マーケティング』(日本経済新聞出版社)、『ビジュアル マーケティングの基本』(日経文庫)、『一冊でわかる！マーケティング』(PHPビジネス新書)、『FREE 経済が日本を変える』(中経出版)、『ウォルマートは日本の流通をこう変える』(ビジネス社)、出演・監修に『よくわかるマーケティング』(日経ビデオ)がある。

●日経文庫1917
ビジュアル
マーケティング戦略
2012年2月15日　1版1刷

著　者　野口　智雄
発行者　斎田　久夫
発行所　日本経済新聞出版社
　　　　http://www.nikkeibook.com/
　　　　東京都千代田区大手町1-3-7
　　　　郵便番号 100-8066
　　　　電話 (03)3270-0251 (代)
印刷　広研印刷・製本　積信堂
ISBN978-4-532-11917-1
© Tomoo Noguchi, 2012

本書の無断複写複製 (コピー) は、特定の場合を除き、著作者・出版社の権利侵害になります。

Printed in Japan